賢人の日本語力

Takashi Saito Hideho Kindaichi Oriza Hirata
Mariko Bando Tota Kaneko

美しい言葉は、信頼される人の必須条件。仕事力は日本語力の高さで決まる!

齋藤 孝
Takashi Saito
金田一秀穂
Hideho Kindaichi
平田オリザ
Oriza Hirata
坂東眞理子
Mariko Bando
金子兜太
Tota Kaneko

Essential Tips for Surviving Modern Business
What You Should Think, Plan and Do to Become Successful

幻冬舎

賢人の日本語力

賢人の言葉

プロの語る言葉には覚悟があります。

言葉をメモして、プロの仕事ぶりにふれる。
仕事への覚悟は、仕事力の向上につながるのです。

齋藤 孝

文章を書くときは、**一息に書く。**

文章にリズムが生まれ、

書きながら自分の考えがまとまっていきます。

金田一秀穂

見下しやさげすみの言葉は、
口にした人の格を下げます。
いつも人間としての敬意を込めて、
ていねいな敬語を心がけて。

坂東眞理子

対話によって心からわかりあうことなどありません。
わかりあえないことを前提にするから、
キレずに、あきらめずに、
対話しつづけることができるのです。

平田オリザ

日本語力を鍛えたいなら、
理屈抜きに俳句を
つくってみることです。
五七調最短定型詩である俳句を通過すると、
日本語に美しい響きが生まれます。

金子兜太

賢人の紹介

プロフィール

日本語力アップにおすすめの本

齋藤 孝

（さいとう・たかし）

1960年静岡県生まれ。明治大学文学部教授。東京大学法学部卒業。東京大学大学院教育学研究科博士課程等を経て現職。専門は教育学、身体論、コミュニケーション論。『声に出して読みたい日本語』『座右のゲーテ』など著書多数。Eテレ「にほんごであそぼ」総合指導。テレビ番組への出演も多い。

福沢諭吉『学問のすすめ』

金田一秀穂

（きんだいち・ひでほ）

1953年東京都生まれ。日本語学者。杏林大学外国語学部教授。上智大学文学部心理学科卒業。1983年東京外国語大学大学院修了。日本語学を専攻し、中国大連外語学院、米イェール大学、コロンビア大学などで日本語講師を務める。1994年、ハーバード大学客員研究員を経て、現職。インドネシア、ベトナムなどアジア各国でも日本語の指導にあたる。

井伏鱒二の短編

平田オリザ

（ひらた・おりざ）

1962年東京都生まれ。劇作家・演出家・劇団青年団主宰。大阪大学コミュニケーションデザインセンター教授。国際基督教大学教養学部卒業。1995年『東京ノート』で岸田國士戯曲賞受賞。2002年『その河をこえて、五月』で朝日舞台芸術賞グランプリ受賞。2009年より内閣官房参与。文部科学省コミュニケーション教育推進会議委員（座長）なども務め、演劇以外に教育、言語の分野でも活躍。

平田オリザ『対話のレッスン』

坂東眞理子

（ばんどう・まりこ）

1946年富山県生まれ。昭和女子大学学長。同大学女性文化研究所所長。東京大学卒業後、1969年に総理府入省。内閣広報室参事官、男女共同参画室長、埼玉県副知事を経て、1998年オーストラリア・ブリスベン総領事となる。2001年内閣府初代男女共同参画局長となる。退官後、2004年昭和女子大学教授に。昭和女子大学副学長を経て、2007年より現職。

『古今和歌集』

金子兜太

（かねこ・とうた）

1919年埼玉県生まれ。俳人。現代俳句協会名誉会長。旧制水戸高校在学中に加藤楸邨に師事。東京帝国大学経済学部卒業後、日本銀行入行。従軍などを経て、終戦後復職。1974年に定年退職。1962年同人誌「海程」創刊、主宰。1983年現代俳句協会会長、1987年朝日新聞「朝日俳壇」選者。1988年紫綬褒章を受章、2005年日本芸術院会員に。2008年文化功労者。2010年毎日芸術賞特別賞、菊池寛賞を受賞。

とくに必要なし。興味があるなら、斎藤茂吉の歌集、加藤楸邨、中村草田男の句集。

CONTENTS

『賢人の日本語力』

2時間目 文法を意識して気持ちを伝える**書き言葉の上達法** 金田一秀穂…42

3時間目 グローバル時代を生き抜く日本語対話力の高め方 平田オリザ…72

4時間目 我が身を守る**敬語の上手なつかい方**

装丁 石川直美（カメガイデザインオフィス）
本文デザイン・図版 バラスタジオ
撮影 タカオカ邦彦（金田一秀穂）、青木司（平田オリザ）
校正 滄流社
編集協力 柄川昭彦 オフィス201（小川ましろ）
編集 鈴木恵美（幻冬舎）

出る
力のつけ方

私たちはいつも母語である日本語で思考し、コミュニケーションをはかっています。日本語力が低いと、考えることも、話すことも、伝えることもできません。仕事をしていくうえで、これらはすべて欠かせない能力です。日本語力はいわば基礎体力のようなもの。とくにビジネスシーンでは、すばやく的確に話のポイントを押さえ、意見を述べ、アイデアを出すことが求められます。日本語力を身につけると、こうした力が飛躍的につき、人より抜きん出た仕事をすることができるのです。

1時間目 仕事に差が

日本語

語彙を増やし、運用能力を鍛えると、
意識の量が増え、いくつかのことを
同時に考えられるようになります。
仕事の速度、精度がより高まります!

齋藤 孝
さいとう・たかし

1960年静岡県生まれ。
明治大学文学部教授。

東京大学法学部卒業。東京大学大学院教育学研究科博士課程等を経て現職。専門は教育学、身体論、コミュニケーション論。身体論やコミュニケーション論は、学生だけでなく、広くビジネスパーソンに対しても有効で「齋藤メソッド」と呼ばれる。『声に出して読みたい日本語』『座右のゲーテ』『「意識の量」を増やせ!』『15分あれば喫茶店に入りなさい。』『三色ボールペンで読む日本語』『読書力』『新聞で学力を伸ばす　切り取る、書く、話す』など著書多数。Eテレ「にほんごであそぼ」総合指導。テレビ番組への出演も多い。ニュース番組のコメンテーターとしても人気。

思考し、意思を伝え、人を動かす。仕事力は日本語力の高さで決まる

思考とコミュニケーション。両方を担う

私たちは、考えることを、母語である日本語でおこなっています。まさに思考力の基礎が日本語なのです。

伝え合うのにも日本語をつかいます。日本語は思考とコミュニケーションの両方を担っていることになります。

思考することも、コミュニケーションをとることも、ビジネスにとってひじょうに重要です。

日本語の能力が低いと、思考する精度とスピードが低くなってしまいます。語彙が少なければ、その語彙のなかでしか考えることができません。どこまで深く考えられるか、どこまで広く考えられるかは、日本語の語彙力や運用能力にかかっています。

仕事をしていくうえで、日本語力は基礎体力のようなものだといえるでしょう。

日本語力が低いと誤解ばかりが増える

コミュニケーションをとる場合、日本語力が低いと、自分では相手に伝えているつもりでも、それが正しく伝わらないということが起きます。あるいは、相手の発信した情報を正しく理解できなかったり、言外の意味を推測できなかったりします。

実用的な日本語がビジネスでは重視される

日本語は「実用的な日本語」と「文学的な日本語」に分けることができます。

ビジネスでおもに必要となるのは、もちろん実用的な日本語です。実用的な日本語でつかわれる

語彙は、誤解があってはいけませんから、言葉の持つ意味がひとつに決まります。これを一義的な言葉といいます。

ビジネスには感情を動かす文学的な日本語も必要

一方、文学的な日本語では、意味がひとつに決まりません。多義的な意味があるため、さまざまな読み方ができます。それが文学のおもしろさでもあるのです。

仕事力の基礎となるのは、実用的な日本語能力ですが、ビジネスが人間を相手にするものである以上、相手の感情を動かすことが必要となる場合もあります。

そのためには、実用的な日本語だけでなく、感情に訴えかける日本語のつかい方やセンスも求められることになるのです。

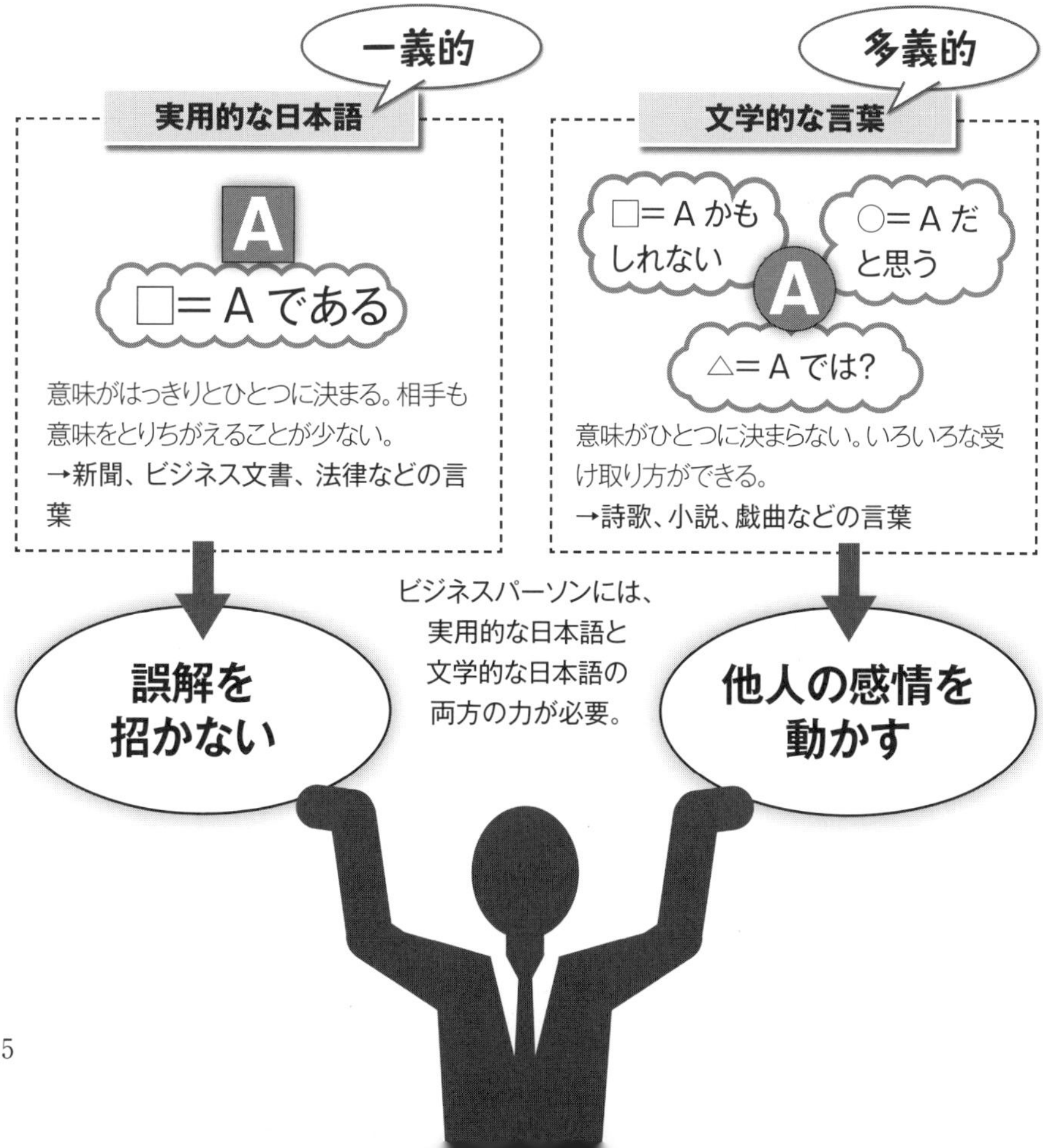
一義的
実用的な日本語
A
□＝Aである
意味がはっきりとひとつに決まる。相手も意味をとりちがえることが少ない。
→新聞、ビジネス文書、法律などの言葉
多義的
文学的な言葉
□＝Aかもしれない
○＝Aだと思う
A
△＝Aでは?
意味がひとつに決まらない。いろいろな受け取り方ができる。
→詩歌、小説、戯曲などの言葉
ビジネスパーソンには、実用的な日本語と文学的な日本語の両方の力が必要。
誤解を招かない
他人の感情を動かす

ビジネスと日本語①

トラブル処理に苦労するのは、語彙の少なさが原因

自分が伝えたいと思うことを、正確に相手に伝えるためには、つかえる語彙が豊富にあったほうが有利です。つかえる語彙が少ないと、どうしても誤解が生じやすくなります。極端な場合、本人は謝っているつもりなのに、謝っているように聞こえないということも起こり得ます。

現実のビジネスでは、微妙なやりとりがおこなわれます。ある仕事を引き受けるにあたって、有利な形で条件交渉に入りたいと考えているのに、日本語力が低いと、引き受ける気がないと誤解されたり、相手を怒らせてしまったり……。

トラブル処理にも高い日本語力が求められます。何らかのトラブルが生じ、それを解決に導かなければならないとき、もっとも大切なのは、最初に発する言葉です。その選択を間違えると、よりいっそう相手を怒らせることになってしまいます。

ポイントは、相手を尊重して言葉を発すること。微妙な言葉づかいの違いですが、そこに感情があらわれ、それが相手を動かします。相手が自分を尊重しているかどうかが、お互いとても気になっているのです。

言葉に「信」がのっているか？

齋藤孝の視点

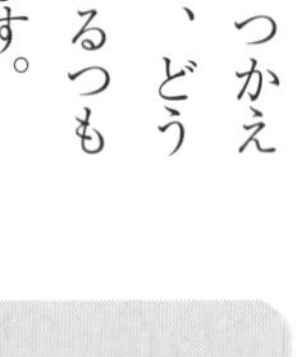

ビジネスシーンに交渉は欠かせません。交渉を成立させるには、信用、信頼が必要なのです。上っ面の美辞麗句だけではダメ。そこに「信」がのっているかどうかが問われます。「信」があって、細かな感情のやりとりは生まれるもの。細かな感情を表現し、伝えるためにも語彙は必要なのです。

微妙な感情を言語化するには語彙が必要

微妙な感情に当てはまる的確な言葉を探すには、まず語彙を増やす必要がある。日本語力が低いと、伝えるべきことが伝わらず、トラブルのもとになる。

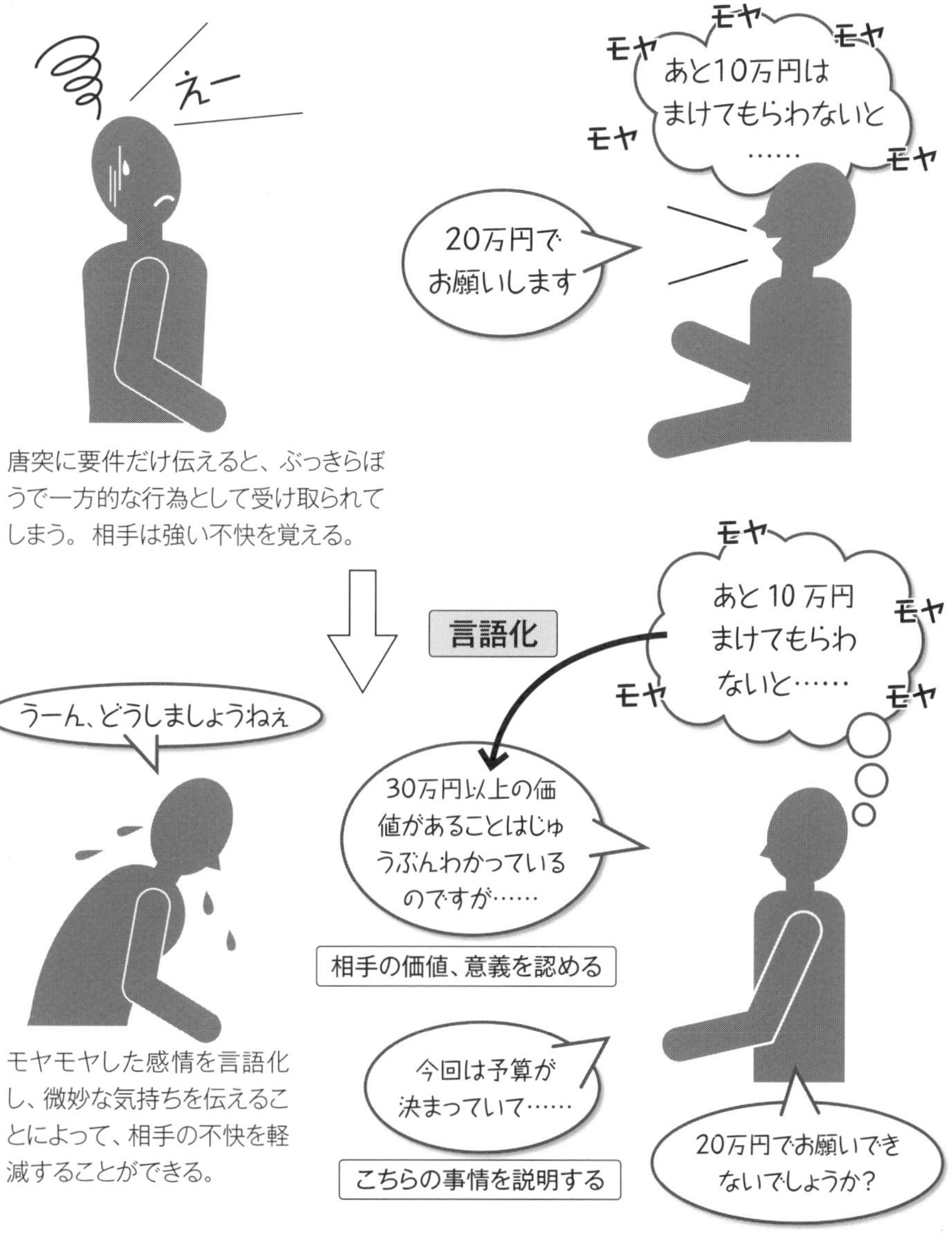
えー
モヤ モヤ モヤ モヤ モヤ
あと10万円はまけてもらわないと……
20万円でお願いします
言語化
うーん、どうしましょうねぇ
モヤ モヤ モヤ モヤ
あと10万円まけてもらわないと……
30万円以上の価値があることはじゅうぶんわかっているのですが……
相手の価値、意義を認める
今回は予算が決まっていて……
こちらの事情を説明する
20万円でお願いできないでしょうか？

唐突に要件だけ伝えると、ぶっきらぼうで一方的な行為として受け取られてしまう。相手は強い不快を覚える。

モヤモヤした感情を言語化し、微妙な気持ちを伝えることによって、相手の不快を軽減することができる。

ビジネスと日本語②

変換ミス、要点不明……仕事力の有無が最初のメールで露呈する

ビジネスの現場では、膨大な量のメールをやりとりすることになります。はじめてのメールが送られてきた段階で、それを送信した人がどのくらい仕事ができるのか、見当がつくものです。

仕事を依頼するのであれば、「イエス」か「ノー」と答えられるメールを送るべきです。何をやろうとしているのかわからないメールには、返答するまでに何回もやりとりを要します。

そのようなメールを書く人は、かなりの確率でメールに誤字があります。変換ミスは送信者のうかつさを示します。

メールは、その人の仕事力のレベルを如実に語ってしまいます。

→ 宛先の間違いやスペルミスがないかチェック。過去に送信したアドレスが自動入力される場合などは要注意。

→ 本文を読む前に、何についてのメールかわかるように明確に。他のメールと差別化されるような件名を記す。

→ **宛名** 会社名、肩書きなどに間違いはないかチェック。

→ **挨拶** 失礼のないように、相手への気づかいを示す文章を添える。ただし、手短に。

→ **導入** 何の用件なのか、本文まで読まなくてもすぐにわかるように。

→ **本文** 詳細は５Ｗ１Ｈの基本を守り、要点を絞って、箇条書きに。数行ずつで区切りを入れて、読みやすく。
そのまま返信をして、先方が書き込むときにも、書きやすく見やすいようにフォーマットを整えて。
また補足事項は、扱いを別にして、補足だとわかるように記す。

→ **結び** 「よろしくお願いします」などの言葉を添えて結ぶ。返信が欲しい場合は、●月●日までに、と明確に記す。

→ **署名** 連絡先を記す。

すばやく理解してもらえるように書く

基本の書式はビジネス文書と同じ。文書より、すばやく相手に内容を理解してもらえるように書く。一文を簡潔に、誤読されないよう数行ずつで改行し、空白をつくる。見た目の読みやすさにも気を配って。送信前に見なおしも忘れない。

送信者　yamada@●●.com
宛先　suzuki@●●.co.jp
CC／BCC
件名　●●の会でお尋ねの件

●●株式会社
●●部
鈴木●●様

いつも大変お世話になっております。
先日は●●の会で時間をとっていただきまして、ありがとうございました。
早速ですが、あのときにお尋ねになったイベントの件について、ご連絡申し上げます。
参加いただけると幸いです。
1）イベント名「●●●●」
2）イベントの主旨　●●●●●向上のため。
3）開催日時　平成●年12月●日（●）　13：00～15：00
場所：●●●広場
4）参加費　1500円（当日：2000円）
・参加いただける場合は、●月●日までにメールにてお知らせください。
事前にチケットをお送りします。
・お支払いは当日、受付ブースにてお願いします。料金は1500円です。
ご検討くださいますようお願い申し上げます。

●●●株式会社
営業部　山田●●
〒101－××××
千代田区●●町1－1－1
電話　03（××××）××××
ファクシミリ　03（××××）××××
Eメール　yamada@●●.com

日本語の基礎体力①

新聞を毎日読む。日本語の"足腰"がしっかりする

新聞を毎日読むことは、日本語力のトレーニングとして効果的です。とくに実用日本語の教材として、これ以上のものはありません。新聞の日本語は、一義的に意味が決まるように書かれています。また、ひじょうに少ない文字数で、事実が的確に伝わるように工夫されています。最近は新聞の活字が大きくなり、ますます字数が少なくなっています。要点を絞り込み、無駄な部分をなくすことで、短いながら伝えるべきことが伝わる日本語になっているのです。

新聞を毎日たんねんに読むことは、スポーツでいえば、毎日走り込みをおこなっているようなものです。日本語の足腰がしっかりしてくることは間違いありません。

現在、60歳以上のビジネスパーソンは、新聞を読まないと落ち着かないという人が、95%以上を占めています。

一方、20代には、そう感じる人はほとんどいません。この事態が、日本のビジネスにおける日本語力の低下を引き起こしているようです。基礎トレーニングが不足して、日本語の足腰が弱りはじめているのです。

ネットは話し言葉の文化

インターネットを見ていれば、新聞を読む必要がない、という人もいます。しかし、ネットに求められるものは、書き言葉ではなく話し言葉。文章の確実さよりもセンスやスピードが重視されます。

精度の高い、ミスの少ない実用日本語を練習するためには、新聞が適しているのです。

齋藤孝の視点

活字にふれていないと意味をとることすらできない

音声で聞いた言葉も、自動的に漢字かな交じり文に変換して聞いている。活字にふれていないと語彙は乏しくなる。語彙が乏しいと、この変換ができず、意味をとることができない。

つぎのニュースです
このなつ もうしょによる でんりょくぶそくが けねんされています
懸念
ケネン
日々、新聞などの活字を通じて、精度の高い言葉にふれていないと、語彙が乏しくなる。語彙が乏しいと、言葉の意味すらわからなくなってしまう。

「懸念」という文字を知っていることで、「けねん」という音を聞いてもすぐ「懸念」に変換して意味をとることができる。

「懸念」という文字を知らなければ、音を聞いても、変換できず、意味をとることができない。

日本語の基礎体力②

手書きを習慣に。書く行為が脳の力も鍛えてくれる

手書きの能力を鍛える

脳の前頭葉が活性化

脳の前頭葉は言語能力やコミュニケーション能力をつかさどっている。書くという行為によって、前頭葉が活性化されることがわかっている。

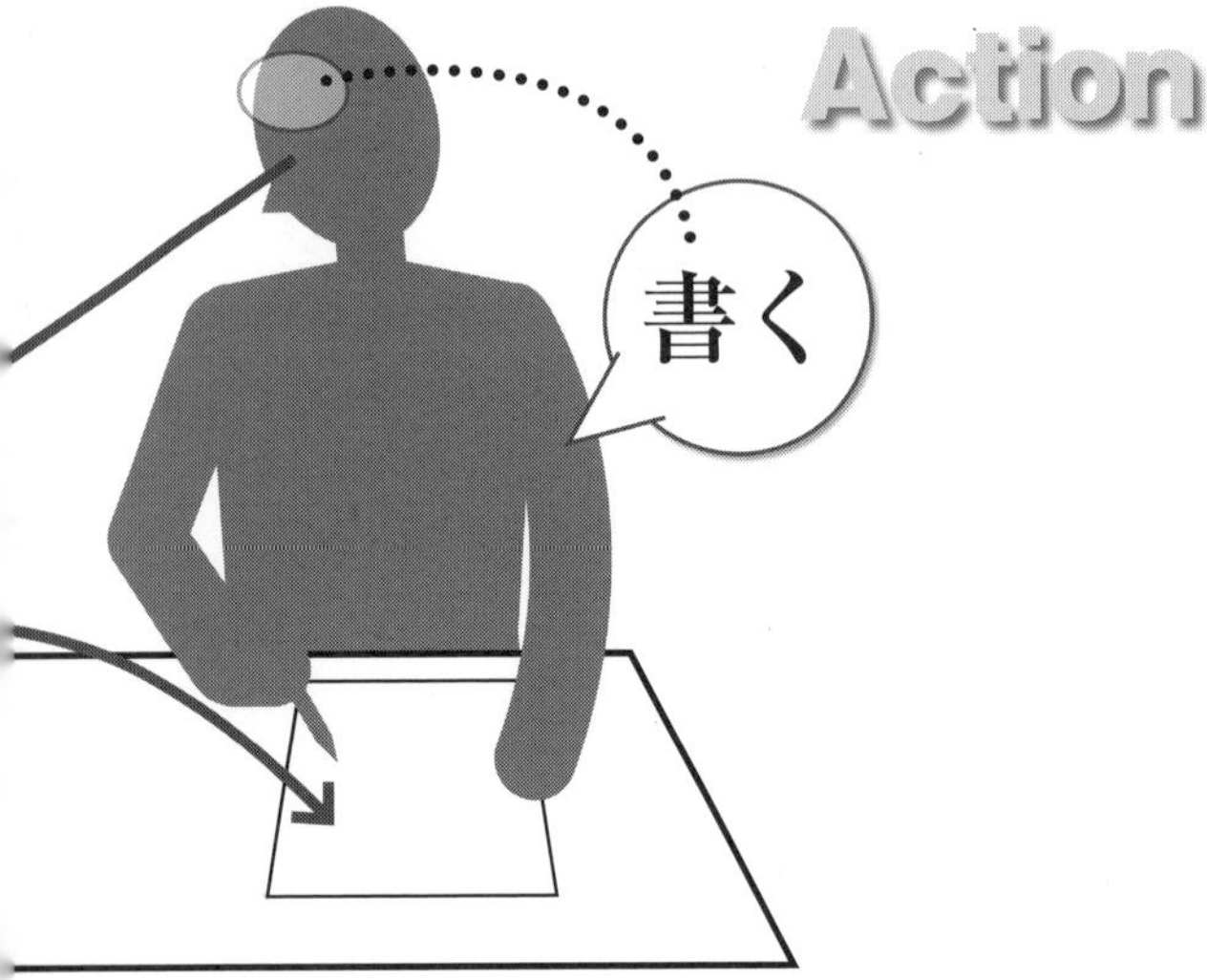

手書きが前頭葉を活性化する

日本語力を鍛えるためには、書くことも大切です。最近は手書きの機会が極端に減っています。

そのため、文章を手書きする必要にせまられたとき、壊滅的な事態を招いてしまいます。手書きしないことで、日本語の基礎体力が低下しているのです。

脳科学の専門家によれば、パソコンを使って文章を書くのと、手書きするのとでは、脳のつかわれ方がまるで違うそうです。手書き

すべて電子化するのではなく、手書きの習慣を残しておく。日常的に日本語力を鍛えることができる。新聞のコラムや好きな作家の短文を書きうつすなど、習慣にする。

効用1

言葉の用法をマスターできる

その場に合った適切な言いまわしを、文脈のなかで覚えることができる。

効用2

文法を意識できる

書きうつすことで、主述の関係や接続助詞のつかい方など、文法を意識できるようになる。

効用3

よい文体、リズムが身につく

わかりやすい文章、味わい深い文章には、よい文体、よいリズムがある。手書きにすることでより深くそれらを理解できる。

効用4

漢字を覚える

漢字を書くトレーニングになる。また、熟語の意味を文脈のなかで記憶することができる。

見てうつす

新聞のコラムや好きな作家のエッセイがおすすめ。800～1200字程度の短文でOK。

にすると、知的活動を担っている前頭葉が活発に働きます。つまり、書かなくなると、脳は衰えていくのです。

習慣になると日本語力が強化される

どこかに手書きする習慣を残しておくべきです。手書きすることで、言語をつかさどる脳が活発に働き、日本語力が強化されるからです。

手書きの習慣は、パソコンで書いたときの変換ミスをなくすのにも役立ちます。

たかだか変換ミスくらいと、甘く見てはいけません。漢字の間違いは、その人の実力を実際よりもずっと下に見せてしまうものです。

日頃から手書きのトレーニングをしておくべきでしょう。

日本語の基礎体力③

意味の含有率が高い文で話す。ストップウォッチで15秒プレゼンの練習

考えながら的確に話す。発した言葉を文章にする

要領よく話すことも大切です。ビジネスでは、協力して仕事を進める仲間とのコミュニケーションも重要ですし、取り引き先などの相手に理解を求めたり、説得したりする必要もあります。

自分の考えを的確に話し、また、発した言葉が文章になっていることが求められます。「書き言葉で話す」能力を身につけるにはストップウォッチを活用してのプレゼン練習が有効です。

ええと……
あの……
まだ決定していないことですけど……
●●商事の件で……
うちともやっていこうかって言ってくださっていて……
という感じで……
A社との取り引きどうしようか
クレームが多いらしい
いいとは言っていましたね
我が社の商品ですか?
どうでしょうねぇ
まあ

整理されていない状態で話し出すと、15秒間では収まらなくなる。

15秒で話し、意味の量を増やす

おすすめしたいのが15秒間で話す練習。15秒間でまとまった話をし、無駄な部分を削ることで、「意味の含有率」を高めていきます。

意味の含有率とは、単位時間の話に含まれる意味の量をあらわします。日本人のスピーチや会議での報告は、意味の含有率が低い傾向があります。ビジネスの場では、意味の含有率を上げ、短時間で多くの情報を伝えるべきです。

15秒間は、最初は短く感じられます。しかし、ストップウォッチをつかって15秒単位で話す練習をすると、時間内にかなりの情報を盛り込めるようになります。私はストップウォッチをいつも持ち歩いています。

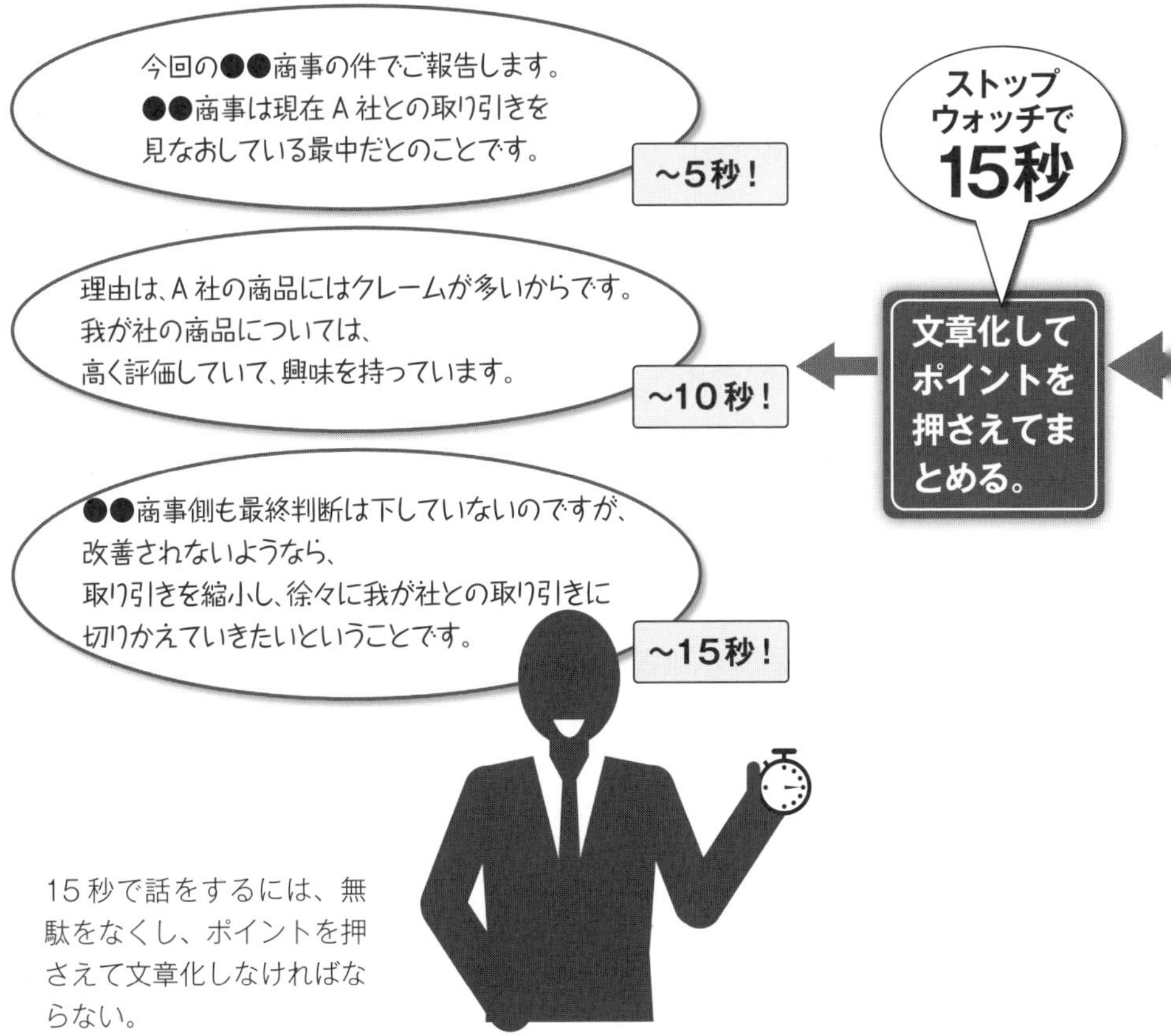
ストップウォッチで15秒
文章化してポイントを押さえてまとめる。

今回の●●商事の件でご報告します。●●商事は現在A社との取り引きを見なおしている最中だとのことです。

~5秒！

理由は、A社の商品にはクレームが多いからです。我が社の商品については、高く評価していて、興味を持っています。

~10秒！
●●商事側も最終判断は下していないのですが、改善されないようなら、取り引きを縮小し、徐々に我が社との取り引きに切りかえていきたいということです。
~15秒！

15秒で話をするには、無駄をなくし、ポイントを押さえて文章化しなければならない。

言語化で
仕事力向上①

会話しながら、別のことを考えられる。意識の複線化が仕事力アップに

「単線思考」から「複線思考」へ

単線思考

自分がいま話していることだけにしか意識を向けることができない。

自分の話
ペラペラペラペラペラペラ
ペラ
一方的に話されて、自分の反応も無視されてしまうので、相手は不愉快に感じやすい。

自分の話だけに集中して意識が単線化してしまう。これでは、相手の反応や周囲のことがわからない。また、次の思考も浮かばないため、会話が展開しない。

いくつかのことを複線化して意識する

仕事を進めていくときには、同時にいくつかのことを意識する必要があります。たとえばひとりでしゃべりつづけて、まわりの人が聞いていないことに気づかない人がいます。こういう人の意識は、単線の列車のようなものです。思考できる量も少なく、自己を客観視することができません。

大切なのは、もう1本の列車を走らせて意識を複線化すること。客観的に思考する量が増えます。客観的に

ひとつのことしか考えない単線思考では、一方的なスピーチになってしまう。自分が話をしながら、周囲の様子もキャッチし、さらに次のことを考える。複線思考で会話する習慣を持つ。

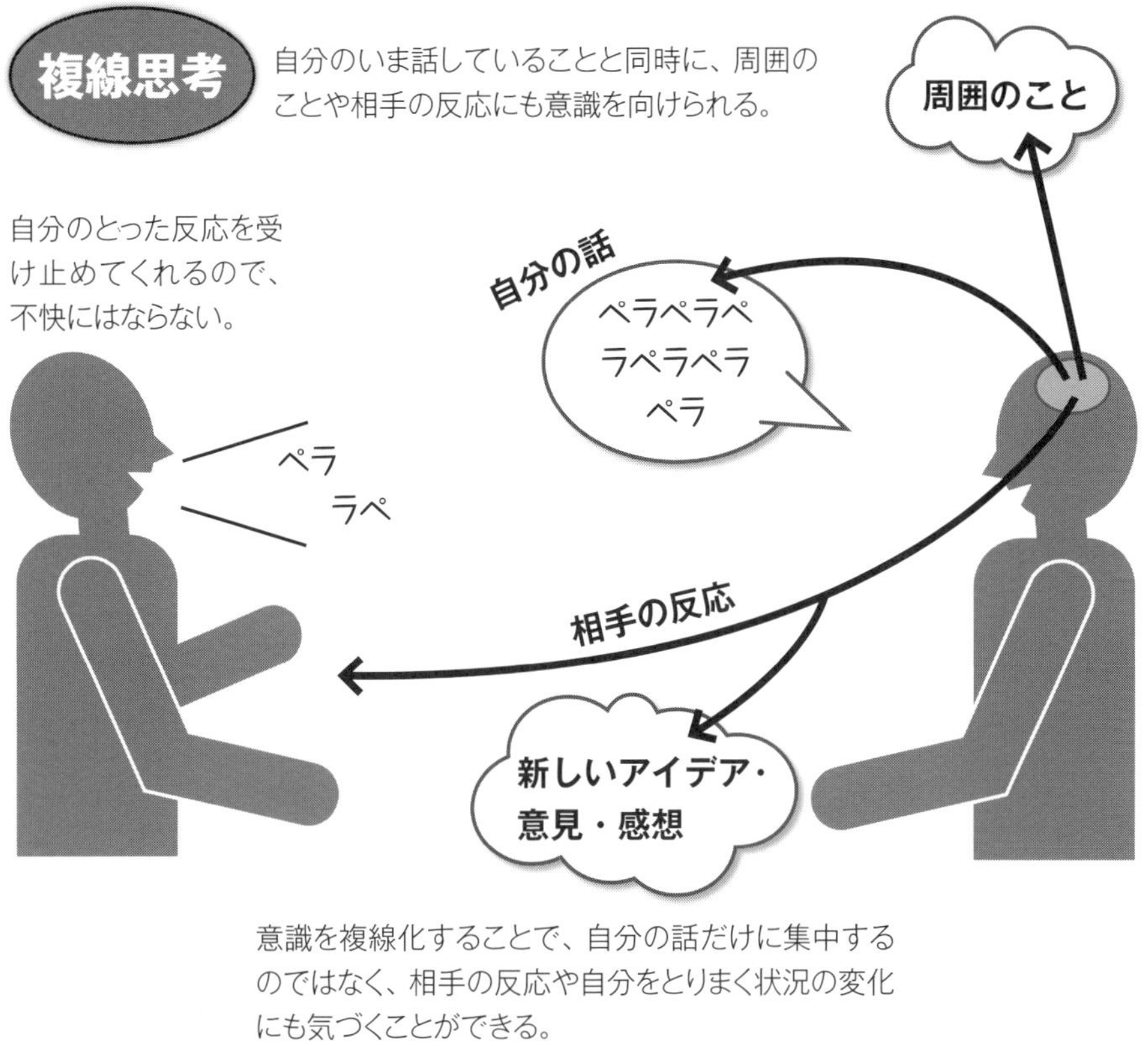
複線思考
自分のいま話していることと同時に、周囲のことや相手の反応にも意識を向けられる。
周囲のこと
自分のとった反応を受け止めてくれるので、不快にはならない。
自分の話
ペラペラペラペラペラペラ
ペラ
ペラ
ラペ
相手の反応
新しいアイデア・意見・感想
意識を複線化することで、自分の話だけに集中するのではなく、相手の反応や自分をとりまく状況の変化にも気づくことができる。

自己を外から見ることができて、自分の状況が把握できます。

意識の量が増え、いくつものことを考えられる

意識を複線化すると、ある話をしながら、同時に別のことを考えることができます。相手の様子を観察し、次の話や、相手を説得するのに有効なエピソードを思いつくこともあるでしょう。

意識を複線化させることにつとめていると、意識の量は増えていきます。同時にいくつものことを意識できるようになります。

意識の複線化を仕事力に結びつけるためには、メモをとる習慣も大事です。思考を言語化できるようになると、複線化した意識をその場で効率よく活用することができます。

言語化で
仕事力向上②

会話中に要約。質問、コメント(&アイデア)を3つずつメモしておく

3つうちのひとつを発言

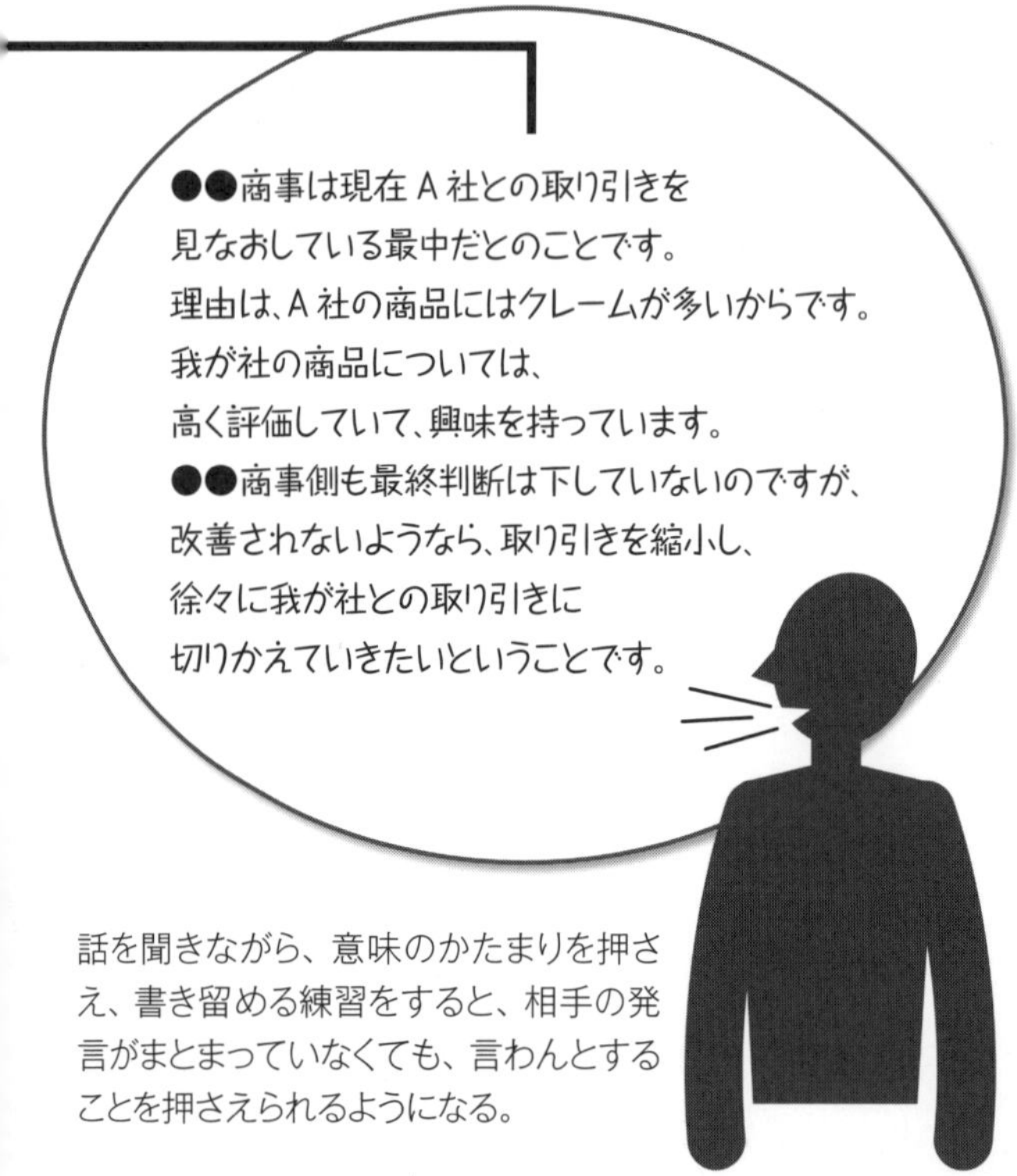
●●商事は現在A社との取り引きを
見なおしている最中だとのことです。
理由は、A社の商品にはクレームが多いからです。
我が社の商品については、
高く評価していて、興味を持っています。
●●商事側も最終判断は下していないのですが、
改善されないようなら、取り引きを縮小し、
徐々に我が社との取り引きに
切りかえていきたいということです。

話を聞きながら、意味のかたまりを押さえ、書き留める練習をすると、相手の発言がまとまっていなくても、言わんとすることを押さえられるようになる。

話を聞きながらメモ。要点がまとめられるように

メモをとる習慣を身につけると、日本語力の向上に役立ちます。まずは、会議やさまざまな打ち合わせなどで、人の話を聞きながら、内容を要約してメモします。

要約する能力は言語能力の基本です。要約する能力が高いか低いかは、その人の知的レベルをあらわしています。

話を聞き取ることができ、要点を理解できれば、ポイントをはずさずに要約することができます。

話の要点をメモし、3つにまとめる。派生する質問やコメント（&アイデア）をできれば3つずつ出し、ベストワンを発言する。思いつき発言を避けるため、最低2つは用意する。3つ出すと思考に余裕が生まれ、順位づけできる。

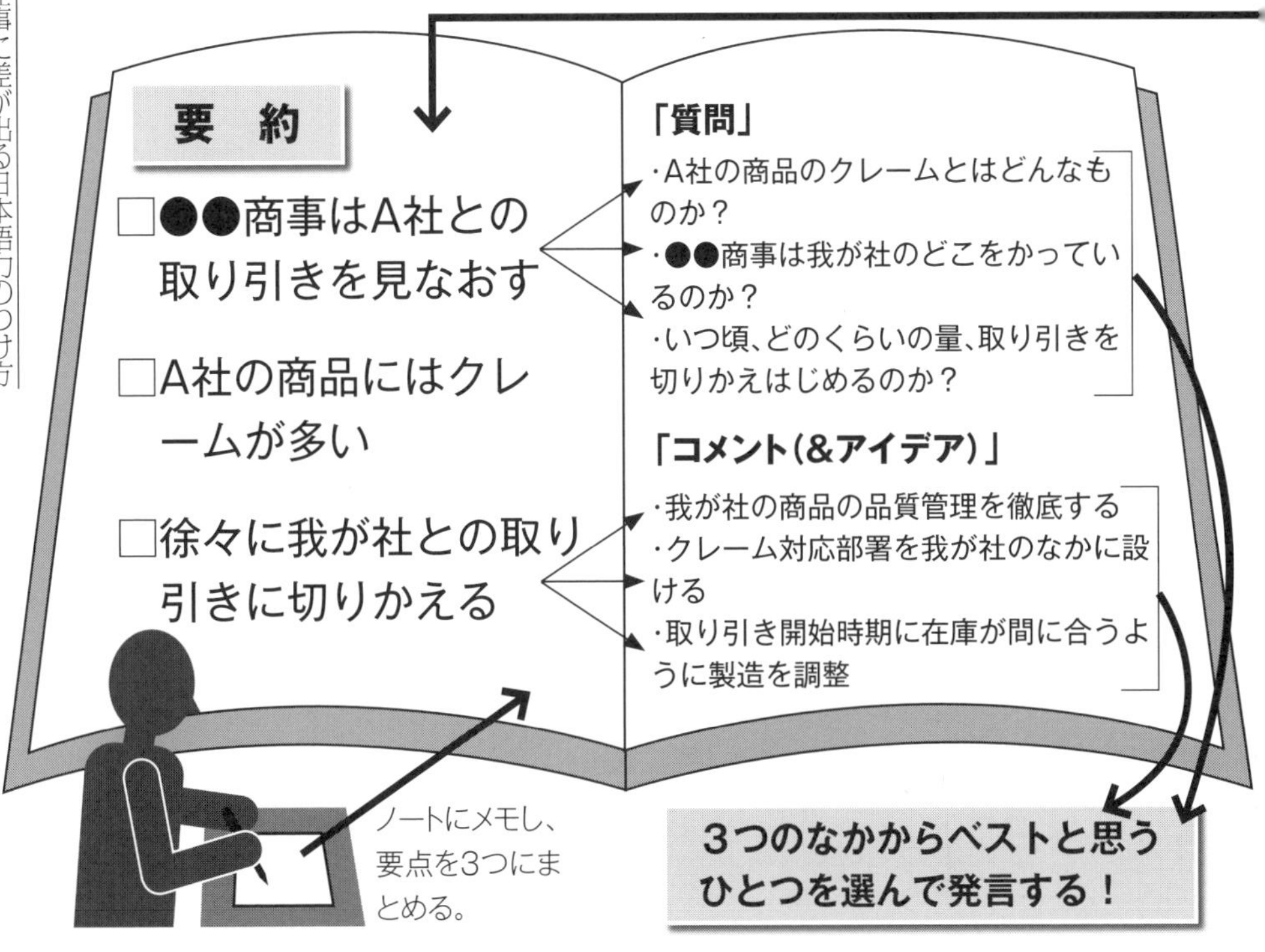
要約
□●●商事はA社との取り引きを見なおす
□A社の商品にはクレームが多い
□徐々に我が社との取り引きに切りかえる
「質問」
・A社の商品のクレームとはどんなものか？
・●●商事は我が社のどこをかっているのか？
・いつ頃、どのくらいの量、取り引きを切りかえはじめるのか？
「コメント（&アイデア）」
・我が社の商品の品質管理を徹底する
・クレーム対応部署を我が社のなかに設ける
・取り引き開始時期に在庫が間に合うように製造を調整
ノートにメモし、要点を3つにまとめる。
3つのなかからベストと思うひとつを選んで発言する！

メモをとり、要約することに慣れてくると、相手の話が混乱していても、要点をまとめられるようになります。

質問、コメントを3つずつ考える

さらに、話を聞きながら、それに対する質問、コメント（&アイデア）などを考えます。意識を複線化することで、話を聞きながらでも、思い浮かぶようになります。それをすぐ口にするのではなく、メモしていきます。質問を3つ、意見を求められたときのためのコメントや自分なりの新しいアイデアを3つ用意します。

意識を複線化し、メモをとることで、本質をついた質問、斬新なアイデア、具体的で的確なコメントが可能になります。

言語化で仕事力向上③

聞かれたら的確な日本語で即反応。相手とのあいだに共感が生まれる

ビジネスの場におけるコミュニケーションでは、すぐに反応することが必要な場合があります。たとえば、「この商品、どうでしたか？」とたずねられて、何とこたえていいか思い浮かばず、「まあいいですね」などと言っていたのでは失格です。

ここで必要なのは、たずねた人にとって役に立つコメントです。それを即座に返すことができれば理想的。そのためには、ふだんから意識を複線化し、前もってコメントを準備しておく必要があります。

アイデアも同じ。「何かいいアイデアは？」と聞かれてから考えているのでは遅すぎます。やはり前もってアイデアを考えておき、即座に反応できるようにしておかなければなりません。

こちらの話をよく理解していると思われる質問が発せられたり、質問に対して間髪を容《い》れずに的確な答えが返ってきたりすると、両者のあいだにいい感情が生まれます。この感情的な一体感がビジネスにとってプラスに作用します。ビジネスにおいて人の感情を大切にしようと考えるなら、打てば響くようなコミュニケーションを大切にしたいものです。

すべて３つの視点でポイントを押さえる

齋藤孝の視点

私は赤・青・緑の３色ボールペンでの読書をおすすめします。重要性の高いところは赤、やや重要なところは青、自分がおもしろいと思った点には緑でチェックします。３つの視点で色分けしながら要点を押さえる練習をすると、仕事で資料を読み込んだり、話の要点をすばやく押さえられるようになります。

0.5秒で的確に反応することが共感を生む

求められたときにすばやく的確な発言をすることが相手との共感を生む。1秒かかっては遅い。0.5秒でこたえる。そのためには事前に資料を読み、現場でもメモをとり、3つの質問、コメントをつねに用意しておく。

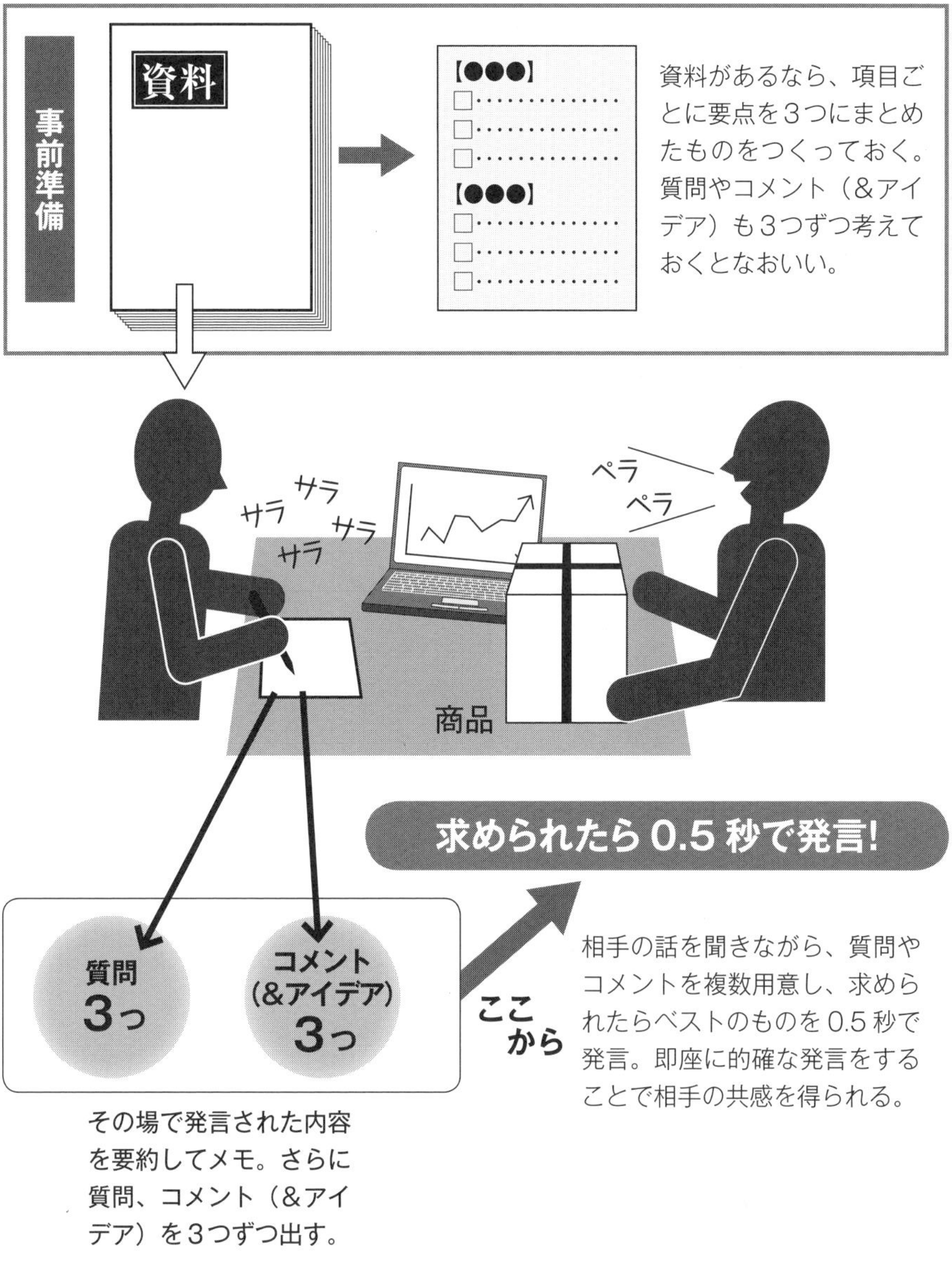
事前準備
資料
【●●●】
【●●●】
資料があるなら、項目ごとに要点を3つにまとめたものをつくっておく。質問やコメント（&アイデア）も3つずつ考えておくとなおいい。
サラ サラ サラ サラ
ペラ ペラ
商品
求められたら0.5秒で発言!
質問
3つ
コメント
(&アイデア)
3つ
ここから
相手の話を聞きながら、質問やコメントを複数用意し、求められたらベストのものを0.5秒で発言。即座に的確な発言をすることで相手の共感を得られる。
その場で発言された内容を要約してメモ。さらに質問、コメント（&アイデア）を3つずつ出す。

的確な日本語をつかう①

頭に浮かんだことを箇条書きに。思考が整理され、緻密になる

紙に向かう。具体性のある思考になる

何か考えるときに、上を向いてしまう人がいます。この姿勢は想像力を働かせるのにはいいのですが、具体性のある思考には入りにくいのです。たとえば、ある問題に対する具体的な解決策を考えるというような場合には、ペンを手に紙に向かって考えるようにすべきです。そして、思いついたことを、箇条書きにしていきます。

頭のなかにあった考えを文字化する段階で、思考が具体的にな

上を向いて考える ×

想像力は働くが、せっかく浮かんだ考えも、逃げていってしまう。思考としてまとまっていかない。ただ時間だけが過ぎてしまう。

り、緻密になってきます。文字にすることで、思考があいまいだったと気づくことができます。

書くことが新たな考えを生む

また、考えついたことを列挙していくと、さらに新たな考えが出てくるようになります。紙に書くことで、そのことについては、もう覚えていなくても、考えていなくてもよくなるからです。

そのぶん脳のスペースがあき、他のことを考えられるようになります。さらに、自分の書いた文字が刺激となって、次のアイデアが生み出されます。

アイデアはどんどん消えていきます。生まれた瞬間に言語化しなければ、それをビジネスにいかすことはできません。

下を向いて書き留める

頭に浮かんだ質問、アイデア、コメント……を端から箇条書きにして書き留める。書き留めることによって、具体的に考えられるようになる。次の思考も生まれやすくなる。

新しいアイデアが出る
文字にすることで、そのことについて考えなくて済み、脳のスペースがあく。新しいことを考えることができる。

思考の重複を避けられる
書くと、思考が重複しないため、同じことをぐるぐる考えつづけることがなくなる。

その場の思考が整理される
相手の思考を言語化し、整理することで、その場の話し合いを整理することができる。

＊スマートフォンでもパソコンでもOK
書き留める道具は何でもかまわない。紙ではなく、デジタル文具をつかってもいい。大事なのは、考えたことを無にしないということ。

思考のあいまいさに気づく
文字化することで思考を客観視することができる。箇条書きを材料に、自分の考えを分析し、あいまいな部分を修正できる。

的確な日本語をつかう②

アイデアを正確に伝えるには、キーワードを列記し標題をつける

頭のなかに生まれたアイデアは、言語化することによって明確なものになっていきます。生み出されたアイデアを、誤解なく相手に伝えるためにも、言語化は必要です。

しかし、その作業は、そう簡単なものではありません。とくに、これまでなかった新しいアイデアほど、つかい古された言葉では表現できないからです。

アイデアを言語化する作業は、キーワードと思われる言葉を、いくつも列記することからはじめます。そしてそこにあがった言葉をもとにして、アイデアに標題をつけてみるのです。本やテレビ番組のタイトルをつけるつもりで、内容が伝わる魅力的なタイトルをつけます。

通常、タイトルは2～3の言葉を結合させることでつくられています。たくさん列記したキーワードを、いろいろ組み合わせていきましょう。

タイトルができることによって、漠然としていたアイデアは、より具体的なものになり、コンセプトも明確になってきます。言葉の力が思考をクリアにしてくれるのです。

言葉を練り上げる作業の大切さを教える一冊

齋藤孝の視点

「セブン-イレブンいい気分」「ピッカピカの一年生」など名コピーを生んだクリエイター、杉山恒太郎さんの著書『クリエイティブマインド』。私が３色ボールペン（P30）で徹底的に勉強した本です。いいものを緻密につくるというのは、そのまま言葉を練り上げる作業だということを教えてくれます。

要素をとり入れて新しいタイトルを生み出す

『そんな友だちなら、いなくたっていいじゃないか!』（齋藤孝著）のタイトルが生まれるまでを紹介。自分の思考の展開だけでなく、他人の意見を取り入れることで、新しいタイトルが生まれる。

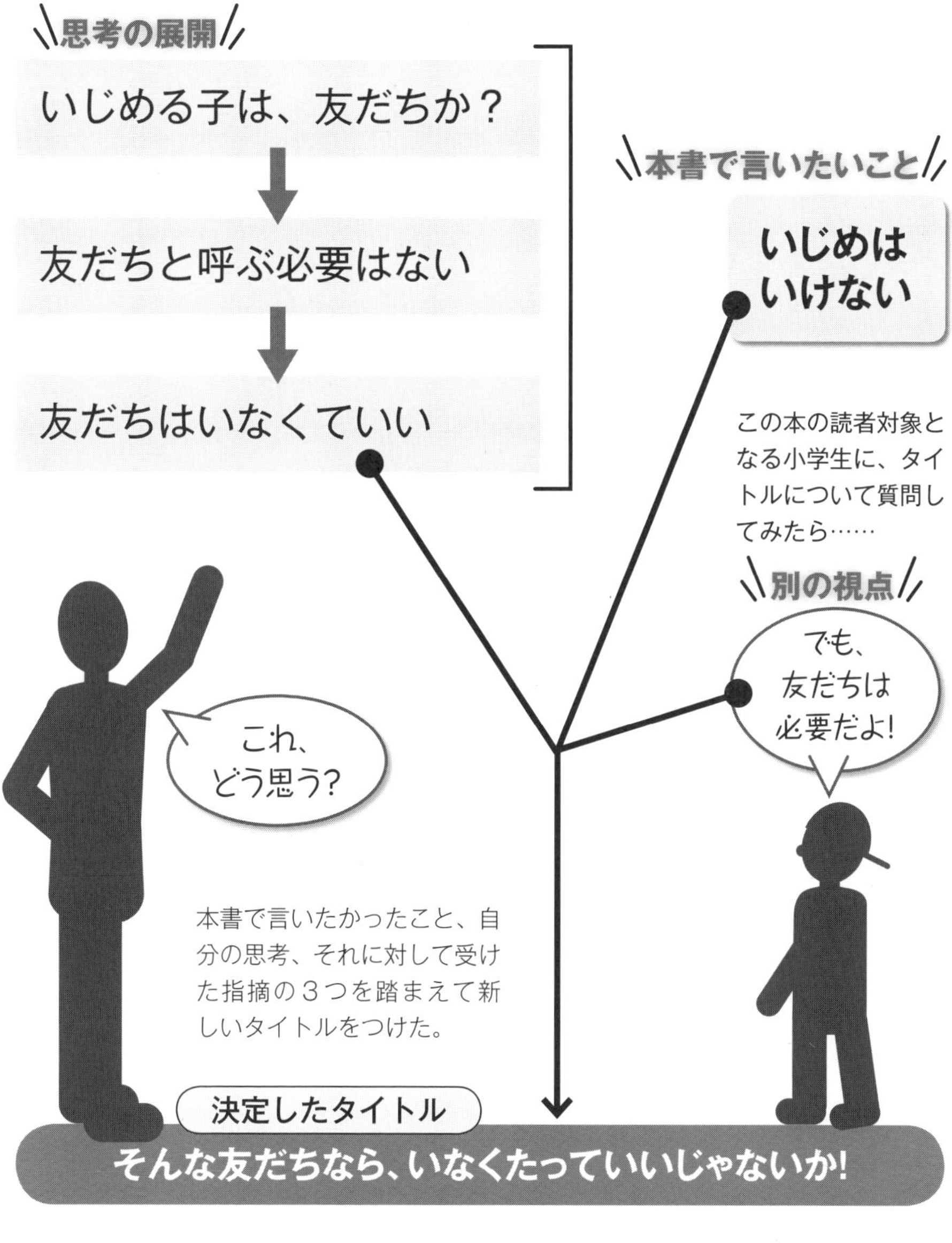
思考の展開
いじめる子は、友だちか？
友だちと呼ぶ必要はない
友だちはいなくていい
本書で言いたいこと
いじめはいけない
この本の読者対象となる小学生に、タイトルについて質問してみたら……
別の視点
でも、友だちは必要だよ!
これ、どう思う?
本書で言いたかったこと、自分の思考、それに対して受けた指摘の３つを踏まえて新しいタイトルをつけた。
決定したタイトル
そんな友だちなら、いなくたっていいじゃないか!

ワンランク上の日本語力①

プロの語る言葉には覚悟がある。いい言葉にふれ、メモをとり要約する

私は、雑誌のインタビュー記事や、テレビのドキュメンタリー番組のプロの言葉をよくメモします。自分の仕事とはまったく異なる業界の人の言葉からであっても、おおいに刺激を受けます。

どのような分野であっても、プロの語る言葉には覚悟があります。若いビジネスパーソンにとって、もっとも大切なのは、仕事に対する覚悟でしょう。仕事をするうえで必要となる高いスキルや、経験も必要ですが、若ければこの部分が足りないのは、しかたがない面もあります。しかし、覚悟は若くても持つことができます。

覚悟を身につけるにはインタビューやドキュメンタリーは格好の勉強材料になります。まず、これらにふれるときに、メモをとるようにするといいでしょう。本物のプロの言葉には多くの経験知・暗黙知が含まれています。スポーツや音楽のような非言語的な活動でも、言語によって自らを語ることができる人がいます。そうした言葉をメモにとり、プロの仕事ぶりにふれるのです。プロ意識を身につけ、仕事に対する覚悟を持つことは、仕事力の向上につながります。

色ペンをメモでも活用

インタビューでも、色ペンをつかうと効果的。私は黒ペンでノートにメモをとりつつ、重要なところは赤ペン、おもしろいと感じたところは青ペンで印をつけます。さらに緑ペンでひらめいたことや感じたことを書きとめると、見なおしたときも自分の理解の過程をたどりやすくなります。

齋藤孝の視点

意識化されたプロの言葉から“覚悟”を学ぶ

他人が意識化した良質な言葉にふれる練習を。インタビューなどもメモをとりながら聞けば、その人の思考をていねいに追随できる。そこから新たな思考を広げる訓練にもなる。

非言語的活動＝無意識の領域
ピンチに追い込まれたときはどう考えるか？
ゴールを決めた！
このとき、私は……
プロとしてのあり方をどう考える？
その瞬間何を考えたか？
インタビューによって言語化＝意識化される
大事だと思う部分を書き留める
話の文脈や事実の関係性を色分けしたり、図式化する
ノートを見返して、話の要点を整理する

ワンランク上の日本語力②

項目を決めて、しゃべる、書く。新聞スクラップも効果的

新聞スクラップトレーニング

要点

●8日午前5時32分から、日食を見ることができる。
●太陽、月、地球が直線上に並ぶ。
●×年ぶりの日食。次は50年後。

・3つずつ書き出す。記事について話すときは、3つのなかからベストなひとつを選んで語る。

コメント

●学校機関では日食観察会を開催すべきか。
●日食メガネは家庭でつくれるのか。
●50年後の日本はどうなっているか。

・新聞記事がもとになっているため、要点やコメントを書き出すときも、言葉が冗長にならない。しまりのある書き言葉をつかう練習になる。

親しい人を相手にスパーリング

日本語力を向上させるためには、実際にしゃべったり、書いたりすることも必要です。それを聞いてもらい、読んでもらうことで、ワンランク上の日本語力を目指します。基礎力のアップではなく、実戦力をアップさせるためのトレーニング。ボクシングでいえばスパーリングのようなものです。

家族や同僚など親しい人を相手にしゃべったり、書いたものを読んでもらいます。

新聞のスクラップをつくるのも、ポイントを押さえてコメントするトレーニングに効果的。切り抜いた記事を貼り、そこにコメントをつける。記事について話し、それを人に聞いてもらうのもいい。

20××年8月×日

8日未明に日食

国立天文台によると、8日未明、沖縄県の一部をのぞき全国で部分日食を見ることができる。

日食メガネを準備

日食を見るときには、かならず専用のメガネを着用して。

19××年以来×年ぶり。

日食とは、太陽、月、地球が直線上に並ぶことで太陽と月が部分的に重なる。

午前5時32分から太陽がかけはじめて（潜入）、40分後に太陽があらわれる（出現）。

次に日本各地で日食が観測できるのは、50年後の8月になる。

利益、オプション、代替案！ 3ステップで話を展開

項目を決めると、考えがまとまりやすくなります。

いちばんいいのは①利益、②オプション、③代替案の順で話を組み立てること。たとえば、ある企画について、①実現することで自分と相手にどのような利益があるか、②交渉段階でどのようなオプションを提示できるのか、③実現できなかった場合の最良の代替案（BATNA《バトナ》）は何か、といった具合に項目を決めて話すのです。

また、時間を決めて話すことも大切です。1分なら1分と決めて話します。そうすると、自然と前置きは排除されます。要点をピックアップして、優先順位をつけて話せるようになります。

ワンランク上の日本語力③

引用できる自分の古典を持つ。その言葉が心を支え、武器となる

日本語力アップのために、ぜひおすすめしたいのが、自分の古典を持つことです。『論語』や『徒然草』はもちろん、ドストエフスキーの小説でもいいし、ドラッカーの著書でもいいでしょう。その一冊を徹底的に読み込みます。気に入った部分は覚えてしまうくらい、何度も何度も繰り返し読みます。

このような読書は、情報を得るための読書とはまるで違います。無駄な作業に思えるかもしれませんが、繰り返し読み込むことで、その書物が自分の古典になっていくのです。

古典とは、ただ古い本を指すのではありません。あなた自身を支えてくれる唯一無二の本のことです。自分の古典を持っていると、そのなかの言葉があなたの武器になります。少々つらいことや苦しいことがあっても、自分の古典を持っていれば、そのなかの言葉が心の支えとなってくれます。言葉を引用できればマイ古典です。

また、重大な決断をしなければならないときに、古典の言葉が背中を押してくれることもあります。それが、古典を持つ強みなのです。

マイ古典は勝海舟。音読で一体感

齋藤孝の視点

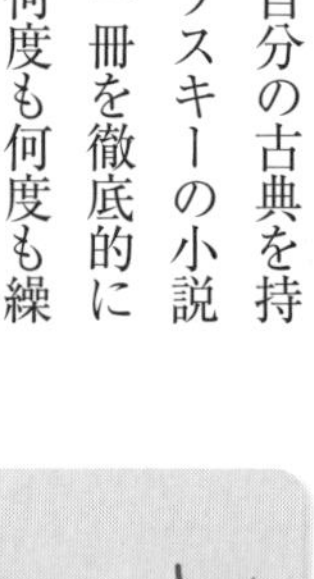

私にとっては、勝海舟の晩年の談話を集めた『氷川清話』が「マイ古典」。中学２年生のときに１年間持ち歩き、暗誦できるほど何度も読みました。黙読だけでなく音読もしました。そうすることで海舟の思考やものの見方が、私のなかに入り込み、勝海舟そのものになったかのような感覚がしました。

一冊の本を読み込み、引用できるようにする

本を読むときには、ただ通読して終わりではもったいない。いくつかの方法で一冊を読み込み、引用できるようにする。著者の思考を追体験でき、自分の血肉にすることができる。

メモをとる
ポイントや心にとまったフレーズをメモに書き出す。さらにコメントや感想を書き込む。

3色ボールペンをつかう
引用したい言葉を色ボールペンで囲む。重要性の高いところは赤、やや重要なところは青、自分がおもしろいと思ったところには緑でラインを引く。

文章にする
おもしろさや感想を短く文章化して、発表する。ブログなどを活用してもよい。他人に読んでもらう。

繰り返し読む
何度も何度も読む。気に入ったフレーズは暗誦できるようになるまで読む。

引用し、人に話す
どこがおもしろかったのか、具体的に引用しながら、人に話す。「引用力」が大切。

声に出して読む
声に出して朗読。腹の底から、感情をのせて読み上げる。気に入ったフレーズは暗誦する。

て気持ちを伝える

言葉の上達法

誤解を招かないよう簡潔に文章を書くには、書き言葉と話し言葉の違いを押さえ、その特徴を知ることが大切です。書き言葉は話し言葉と違ってコンテクストを共有しません。話し言葉よりゆっくり変化するという点が大きな特徴です。言いたいことをそのまま文章にすると、無駄が多かったり、意味が通じなかったりするのはこのため。書き言葉のルールである文法を少し意識して、書いたものを冷静に見なおす。ポイントを押さえれば文章はかならず上達します。

2時間目 文法を意識し書き

文章上達のためには、書く作業だけでなく、
見なおしの作業が大事です。
客観的な目で距離を置いて、
自分の書いたものを読みなおしてみましょう!

金田一秀穂

きんだいち・ひでほ

1953年東京都生まれ。

日本語学者。杏林大学外国語学部教授。

祖父に言語学者の金田一京助、父に国語学者の金田一春彦を持つ。上智大学文学部心理学科卒業。1983年東京外国語大学大学院修了。日本語学を専攻し、中国大連外語学院、米イェール大学、コロンビア大学などで日本語講師を務める。1994年、ハーバード大学客員研究員を経て、現職。インドネシア、ベトナムなどアジア各国でも日本語の指導にあたる。著書に『「汚い」日本語講座』『ことばのことばっかし 「先生」と「教師」はどう違うのか?』『ふしぎ日本語ゼミナール』など多数。テレビ出演なども多い。

誤解を招かない文章を書くには、話し言葉の変化にのりすぎない

変化することが言葉の本性

言葉は時代とともに変化していきます。変化することが、言葉の本性であるといってもいいでしょう。新しい言葉が登場し、古い言葉が捨てられていくということが、いつの時代もかわらずに繰り返されてきたのです。

したがって、これが正しい日本語である、と決めるのは簡単ではありません。大切なのは、それが正しいかどうかよりも、相手に通じるかどうか。相手に不快感を与えずに通じるのであれば、少なくともその場において、その言葉は正しい日本語なのです。

話し言葉と書き言葉の変化には、タイムラグがある

ただ、注意しなければならないのは、話し言葉と書き言葉の変化には、つねにタイムラグがあるということです。

先に変化するのは、話し言葉です。新しい言葉や、新しい言葉のつかい方がどんどん登場しますが、コミュニケーションに支障をきたすようなことはありません。

話し言葉には文脈や背景といったコンテクストがあり、その場で互いに共有できるからです。

書き言葉はコンテクストを共有しない

誰が、どういう状況で話したかによって、意味は伝わっていきます。話し言葉では、情報伝達の6割をコンテクストが担っていて、言葉自体が果たす役割は4割しかない、という説もあります。だから話し言葉は変化していくのです。

ところが、書き言葉の変化は、話し言葉の変化よりずっと遅れま

話し言葉	書き言葉
誰がどういうシチュエーションで言っているかわかる（コンテクストを共有できる）。	誰がどういうシチュエーションで言っているかわからない（コンテクストを共有できない）。
変化がはやい。書き言葉より先に変化する。	変化がおそい。話し言葉の変化に30～50年近く遅れて変化する。
文法を守らなくても通じることが多い。	文法を守らないと誤解を招く。

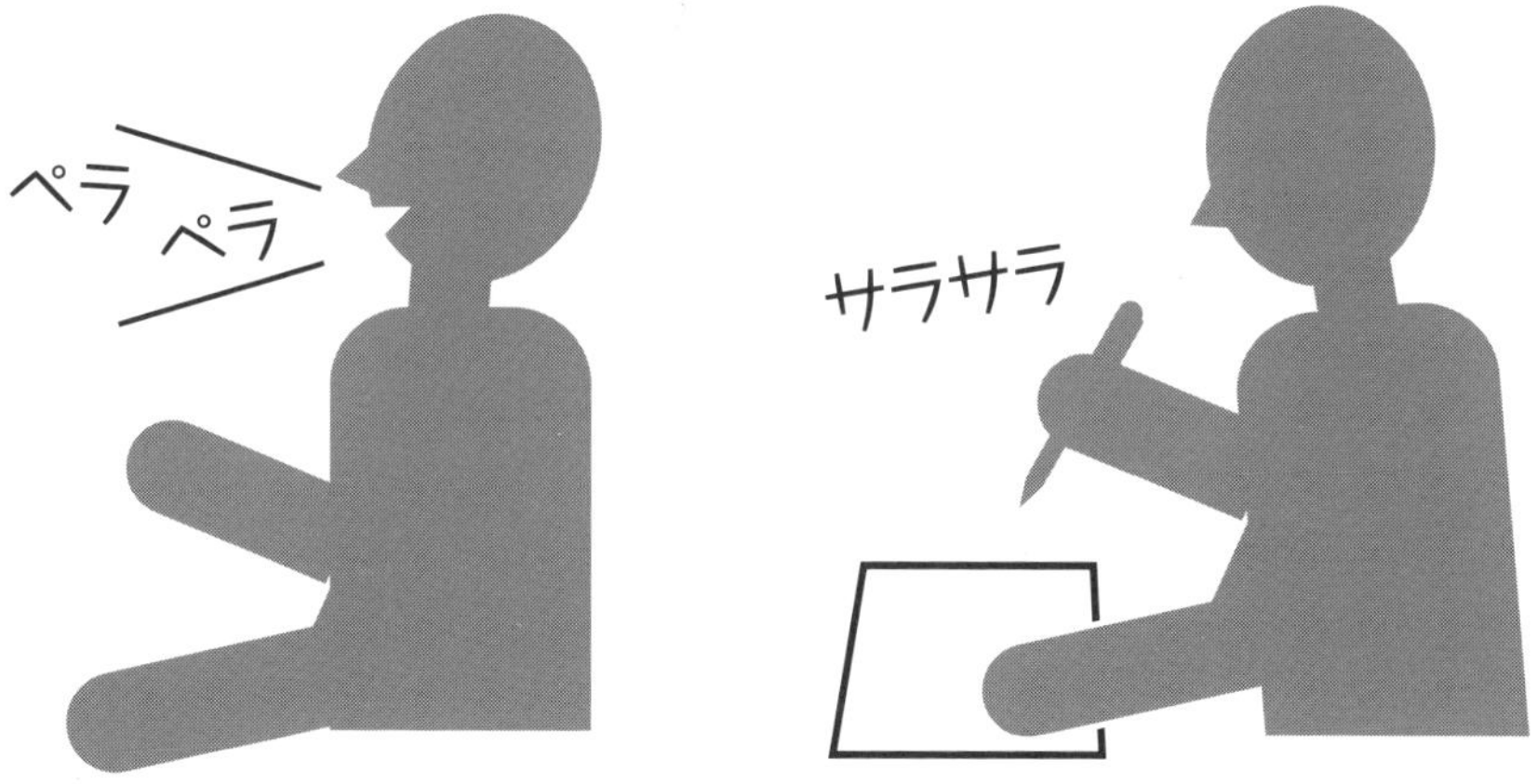

す。書き言葉の読み手は、かならずしも書き手とコンテクストを共有しません。

そのため、話し言葉のようにどんどん変化してしまうと、情報伝達に支障をきたすのです。

話し言葉の変化に書き言葉が追いつくのには50年かかる

話し言葉が変化しても、書き言葉はすぐには変化しません。そのため、話し言葉の変化にのって、新しい言葉や新しい言いまわしを書き言葉としてつかってしまうと、違和感を与えたり、誤解を招いたりすることがあります。

変化した話し言葉が、書き言葉として定着するまでには、30年、いや50年ほどかかります。話し言葉に比べ、書き言葉はじつに保守的なのです。

文法とは

正確に伝えるためには、文章にルールがあることを意識する

文章は伝わらなければ意味がありません。ところが、何かを書きさえすれば、伝えたいことが伝わると思っている人が多いようです。伝えたいことを正確に伝えようと思うならば、文章に「ルール」があるということを意識すべきです。このルールが文法です。

文法をしっかり勉強してから文章を書くべきだ、とは言いません。特別な勉強などしなくてもいいのですが、せめて文章にはルールがあるのだということは知っておいてください。

ルールがあるということを意識して文章を書いていれば、文章を読み返したときに「これは何かへんだ」「これはどうも気持ちがわるい」と感じられるようになります。日本語が母語であれば、特別な文法の知識を持たなくても、適切でない言葉には気づくことができます。

「へんだ」「気持ちわるい」と感じた原因が、たとえば主語と述語の関係がおかしいからだとわかったら、そこをなおす。大切なのは、自分が伝えたいと思うことを、きちんと伝わるようにすることです。注意すべきいくつかのポイントを押さえておきましょう（P48～）。

いい文章を書くには？

金田一秀穂の視点

「むずかしいことをやさしく、やさしいことをふかく、ふかいことをおもしろく、おもしろいことをまじめに、まじめなことをゆかいに、ゆかいなことをいっそうゆかいに」。井上ひさしさんの名言。うまいことを言おうと思うといやらしい文章になる。「むずかしいことをやさしく」を目指したいですね。

文法の基本を押さえて文をつくる

主語、目的語、述語……小学校で習う文法の基礎。主語と述語の関係、目的語の位置、修飾語のかかり方など、文法の基礎を意識しながら、文章を書いたり、見なおしたりするだけで、誤解を招かない文章を書くことができる。

主語 猫が ＋ **目的語** 魚を ＋ **述語** 食べた

主語：「何が」やその文の主題をあらわす。助詞には「〜が、〜は、〜も、〜の」がくる。

目的語：対象を示す。格助詞には「に」「を」がくる。行為の直接的対象を示すときは「を」、間接的に影響を受ける対象を示すときには「に」をつかう。

述語：主語が「〜どうする」「どんなだ」「何だ」をあらわす。

文が複雑になると……

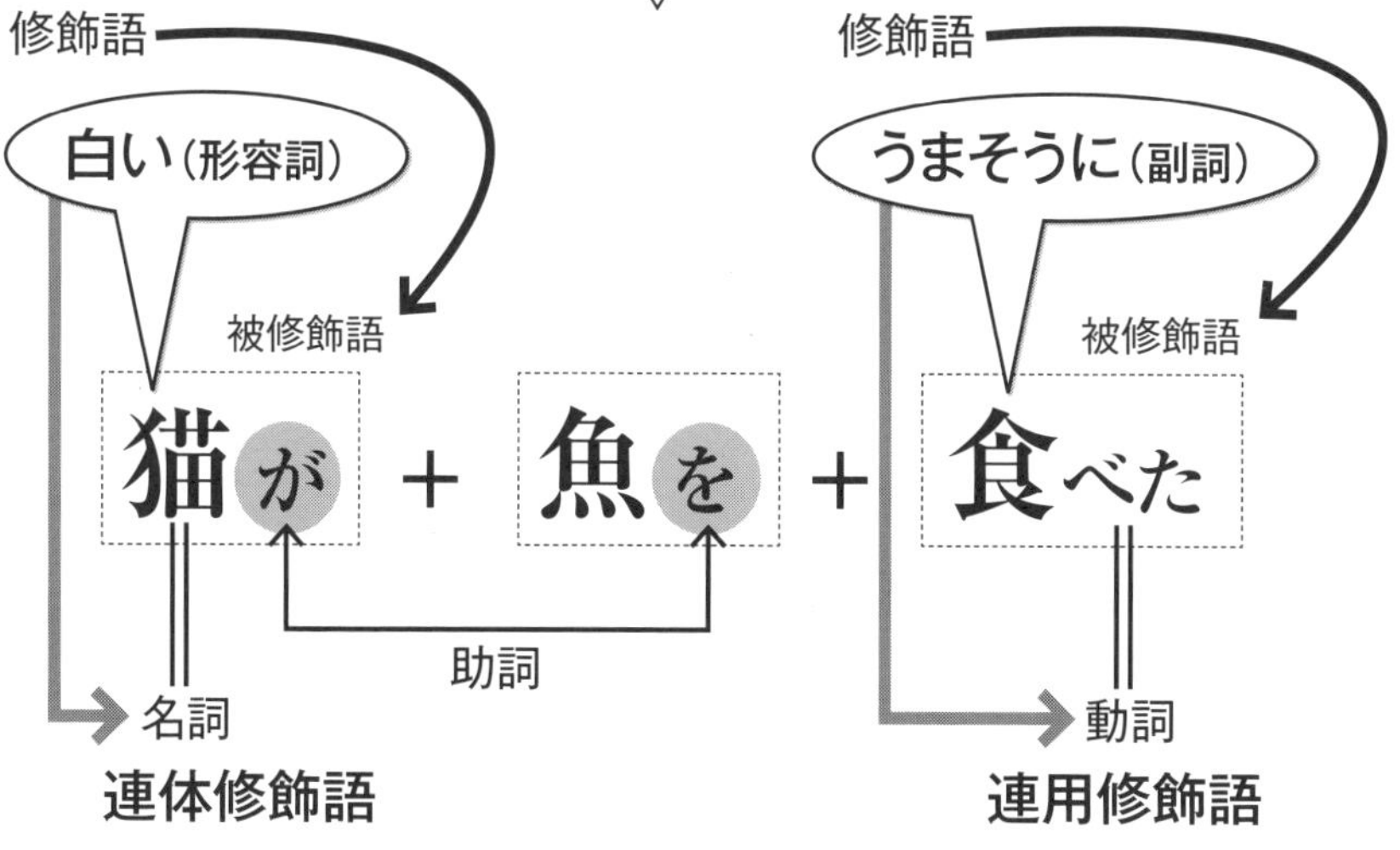
修飾語
白い（形容詞）
被修飾語
猫が
＋
魚を
＋
食べた
助詞
名詞
連体修飾語
修飾語
うまそうに（副詞）
被修飾語
動詞
連用修飾語

「修飾」とは、そのモノや事柄について説明するという意味で、「被修飾」とは、説明されるという意味。
名詞を修飾する語を「連体修飾語」、名詞以外の語（動詞や形容詞など）を修飾する語を連用修飾語と呼ぶ。

注意すべき文法①

述語を決めてから「てにをは」を決める。文章がくっきりする

助詞より動詞に焦点を当てる

米洗ふ
前に蛍の
二つ三つ
飛んでいる

言いたいこと
蛍が飛んでいるよ!

伝えたいのは飛んでいる状態。飛んでいるにつく助詞は「〜に」。

「てにをは」のこだわりは、本当に大事なのか？

ある人が「米洗ふ前に蛍の二つ三つ」という俳句をつくったところ、先生が「前で」となおしました。「前に」だと蛍が飛んでいるだけだが、「前で」とすることで蛍が動き出すというのです。ところが、高名な大先生は「前を」となおしました。「前で」だと蛍が動き出すが、うるさい。「前を」とすると、蛍が通り過ぎていく。それが美しいというのです。

この話は日本語の助詞について

助詞のつかい方で言わんとすることがかわる。ただ、文をつくるときは、助詞にこだわるより、何を伝えたいのか、に焦点を当てるべき。言いたいことは述語にくる動詞にあらわれる。動詞を先に決めて、助詞を考える。

米洗ふ
前で蛍の
二つ三つ
飛びまわる
言いたいこと
蛍が飛びまわっているよ

伝えたいのは飛びまわっている動き。飛びまわるにつく助詞は「～で」。

米洗ふ
前を蛍の
二つ三つ
飛んでいく
言いたいこと
蛍が通り過ぎていったよ

伝えたいのは、通り過ぎていった様子。飛んでいくにつく助詞は「～を」。

語るときによくつかわれます。やっぱり「てにをは」って大切だね、という話にまとめるわけです。

大事なのは動詞。言いたいことに焦点を

　しかし、この話はポイントからはずれています。大事なのは助詞ではなく述語にくる動詞です。「前に」なら「飛んでいる」という言葉が省略されています。「前で」なら「飛びまわる」。「前を」なら「飛んでいく」。何を伝えるかによって、助詞は自ずと決まるのです。蛍が飛んでいる様《さま》を伝えたいなら、「前に」以外ありません。

　自分が伝えたいことは、述語に含まれています。そのため、述語に合わせて助詞を選択すると、意味のとりやすいくっきりした文章になるのです。

注意すべき文法②

「女性にうれしい情報」はNG! 感情形容詞と名詞の関係をチェック

どうも気になってしまう言葉があります。たとえば「女性にうれしい情報」というような表現です。意味が伝わるならそれでいい、という考え方もあるでしょう。たしかにそうなのですが、この表現はどうにも気持ちがわるく、「嫌だな……」と感じさせます。

「女性にうれしい情報」は、本来ならば、「女性がうれしがる情報」とか、「女性には（にとっては）うれしい情報」などとすべきなのです。うれしいという言葉は、形容詞のなかでもとくに感情形容詞と呼ばれています。人の感情をあらわす形容詞で、つかい方が属性を示すふつうの形容詞とはちょっと違います。うれしい以外にも、悲しい、苦しい、欲しい、暑い、寒い、うらやましい、などが感情形容詞です。

ふつうの形容詞は「女性にやさしい○○」のようにつかうことができます。たとえば「女性にやさしい男性」はまったくおかしくありません。この場合、やさしいのは男性です。「女性に厳しい男性」もいます。しかし、「うれしい」という言葉は、主体（女性）の感情をあらわします。第三者（男性）を修飾することはできないのです。

「財布」はうれしがりません

金田一秀穂の視点

感情形容詞の誤用でよく見かけるのが「財布にうれしいお店」。この文句を見るたびに「財布がうれしがるわけないじゃないか！」といらだちを覚えますね。口語で聞いているぶんには、意味がわかるのでべつにいいのですけど、堂々と文字にして書かれると抵抗感があります。みなさんも気をつけて。

誰の感情なのかをよく考えてつかう

形容詞には、一般的な属性をあらわす属性形容詞と感情をあらわす感情形容詞がある。感情形容詞で修飾される対象が第三者やモノ、事柄だとおかしな文になる。誰の感情なのかを確認して文をつくる。

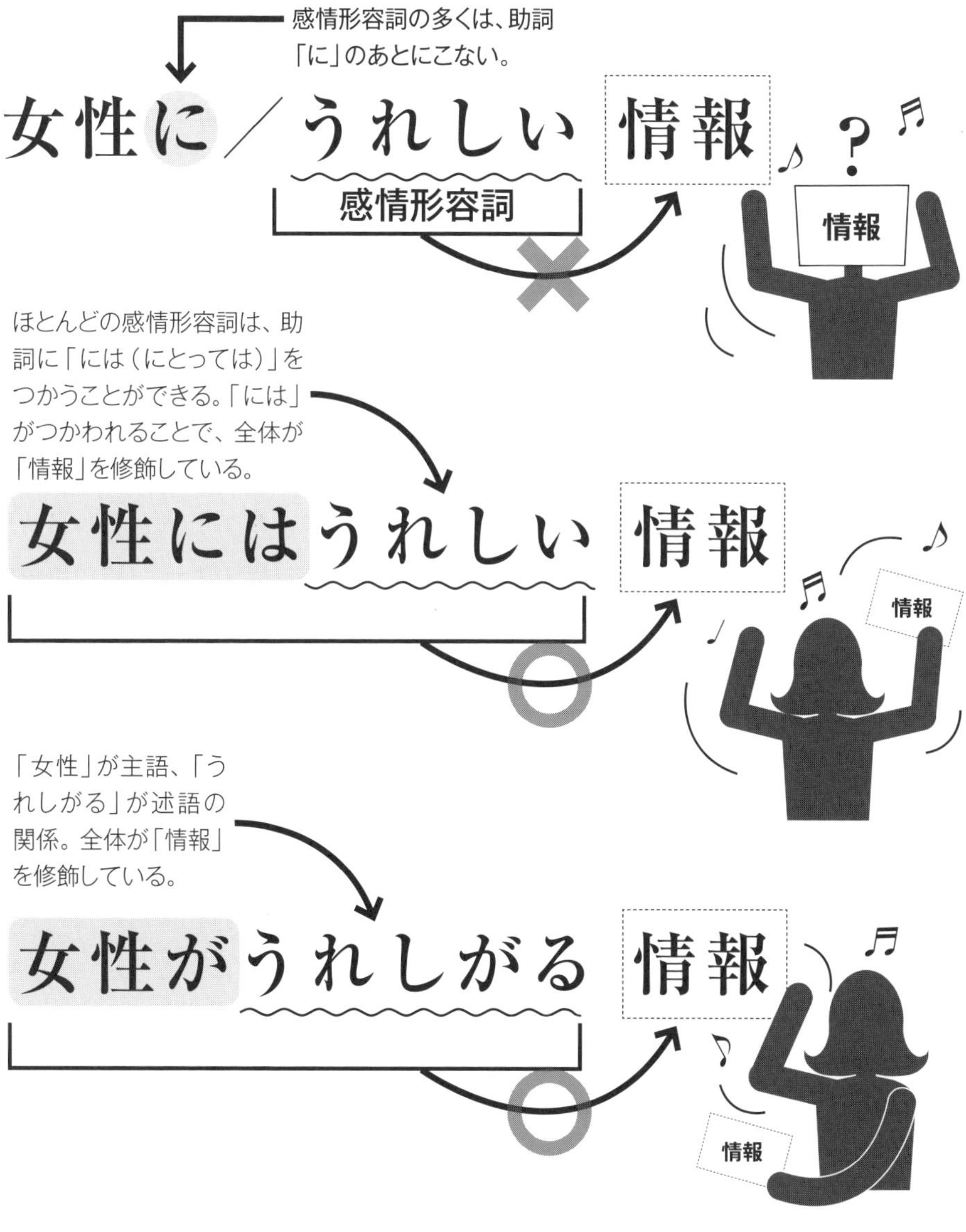
感情形容詞の多くは、助詞「に」のあとにこない。
女性に／うれしい 情報
感情形容詞
情報
ほとんどの感情形容詞は、助詞に「には（にとっては）」をつかうことができる。「には」がつかわれることで、全体が「情報」を修飾している。
女性にはうれしい 情報
情報
「女性」が主語、「うれしがる」が述語の関係。全体が「情報」を修飾している。
女性がうれしがる 情報
情報

注意すべき文法③

「彼も困る」は誰が困るの？感情動詞は人称でつかい分ける

感情動詞の主語は本人のみ
「困る」の主体は「私」。「私は困ります」は私自身について述べたことなのでOK。
私
私は困ります
モジモジ
モジモジ
感情と言葉が一致

「私は困ります」「彼は困ります」

英語は、主語が一人称の「I」なら「do」、三人称の「He」だと「does」になります。このような人称制限は、日本語には基本的にありませんが、一部、人称によってつかい分ける言葉があります。それが、困る、喜ぶ、悲しむ、思う、などの感情動詞です。

「私は困ります」この文の困っているのは私です。では、「彼は困ります」はどうでしょう。彼が困っているのでしょうか。いや、彼の困る、うれしい、悲しいなどの感情動詞は、自分の感情を表現するもの。 第三者を主語にして言い切るとへんな文になる。また、感情動詞に「～と思う」などの文末の思考をあらわす動詞を重ねるのも不自然。

「彼は困ります」では「困ります」の主体が誰だかわからない。このままだと「私は（彼について）困っている」という文意に。彼が主体なら「彼は困っている」となおす。

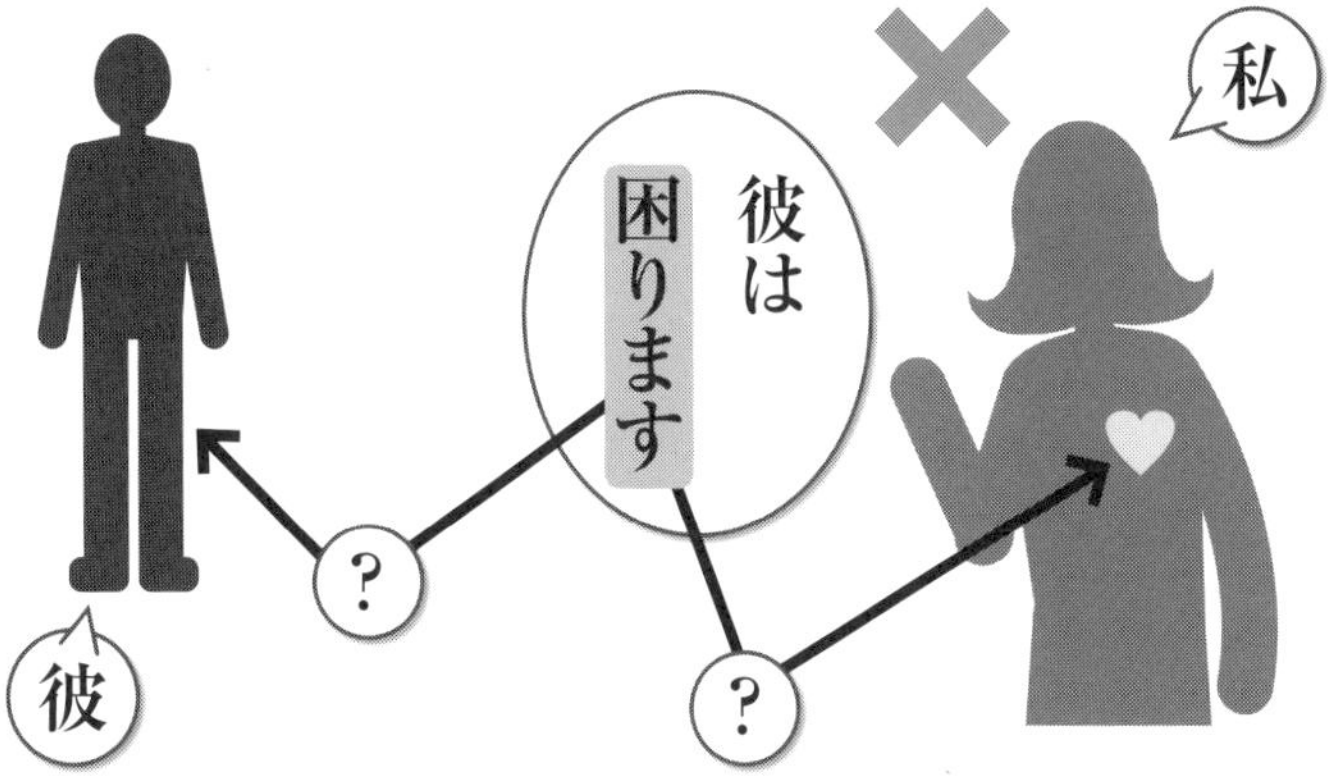

「私は困ります」で言い足りている。「～ている」や「と思います（思考動詞）」は不要。

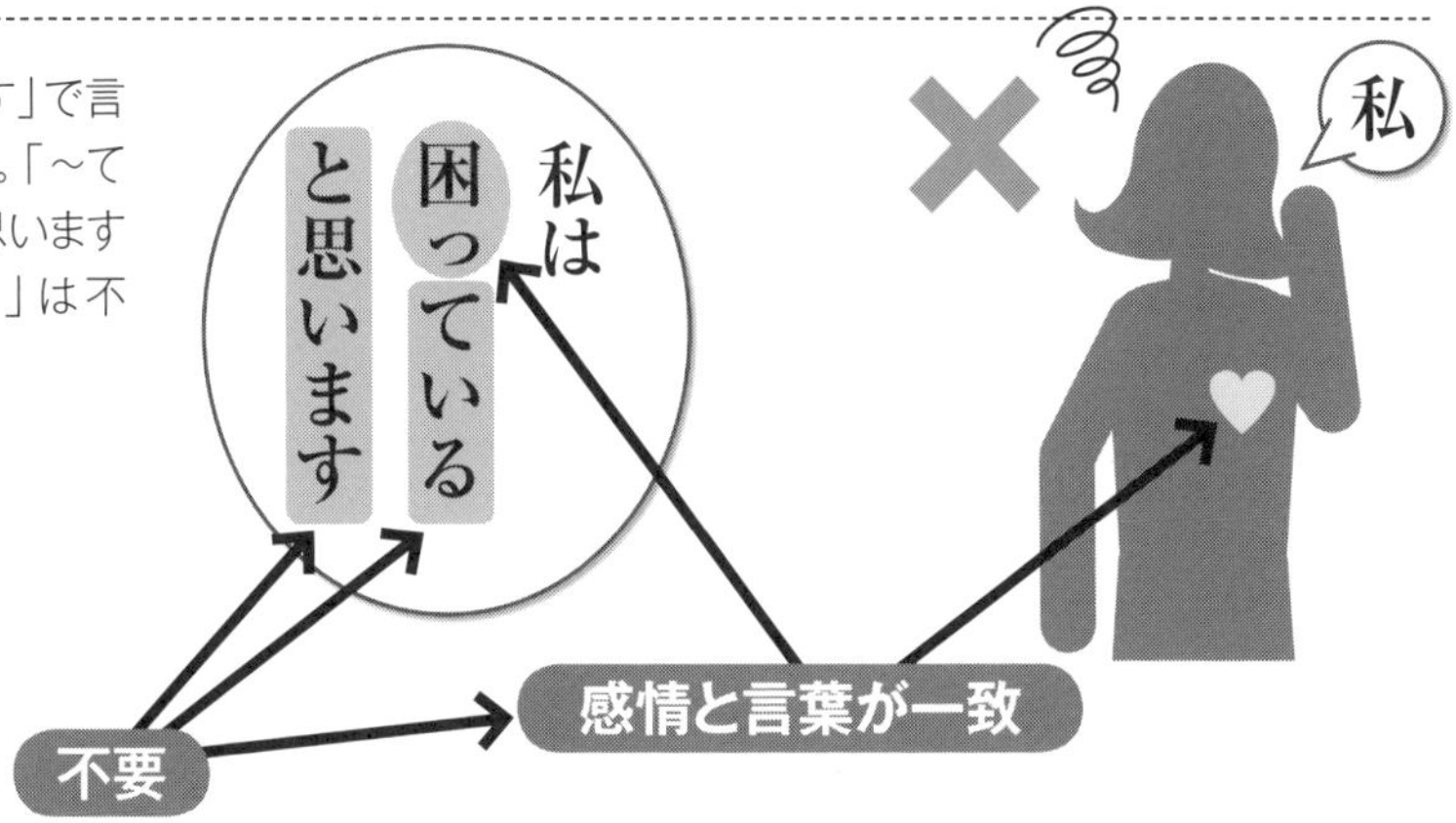

ことで私が困っている、という意味になってしまいます。

自分の意見を主張せず、第三者的な意見にしたい？

困るなどの感情動詞をそのままつかえるのは、主語が一人称の場合と決まっているからです。述語に「困ります」がきたことで、主語は私と決まってしまうわけです。困っているのが彼なら、「彼は困っています」としなければいけません。主語が一人称以外の場合は、このように変化させます。

主語が私なら「○○だと思います」でいいのに、最近は「○○だと思っています」をつかう人が増えています。自分の意見を主張せず、第三者的意見にしたいという気持ちのあらわれかもしれません。しかし、これは間違いです。

注意すべき文法④

遅刻の理由には「ので」を。「から、ので」のつかい分け

客観的な理由は「ので」、主観的な理由は「から」

理由を述べるための助詞には、「から」と「ので」があります。

たとえば、遅刻した理由を説明するような場面を考えてみましょう。「電車が遅れたから遅刻しました」「電車が遅れたので遅刻しました」どちらも理由を述べているのですが、「から」には違和感を覚えませんか？　このような言い訳をする場面では「ので」のほうが適切です。

このふたつの助詞には、つかい

遅刻した
＝客観
あ〜遅刻だ……
客観的な理由
電車が遅れた
○
電車が遅れた
ので
遅刻しました
×
電車が遅れた
から
遅刻しました

分けがあります。

一般に、客観的な理由を述べるときには「ので」をつかい、主観的な理由を述べるときには「から」をつかいます。

遅刻の理由を説明するときには、「ので」が適切。「から」をつかうと、客観的な事実を話しているところに、主観が混ざってしまい、嫌な感じが漂います。

感情動詞には「から」をつかう

しかし、主観的な理由なら「から」をつかうべきです。前述の感情動詞(P52〜53)、困る、喜ぶ、悲しむなどをつかうときです。

感情動詞はすべて自分が判断しなければならないこと。へんに客観性を持たせようとせず、「から」で説明します。

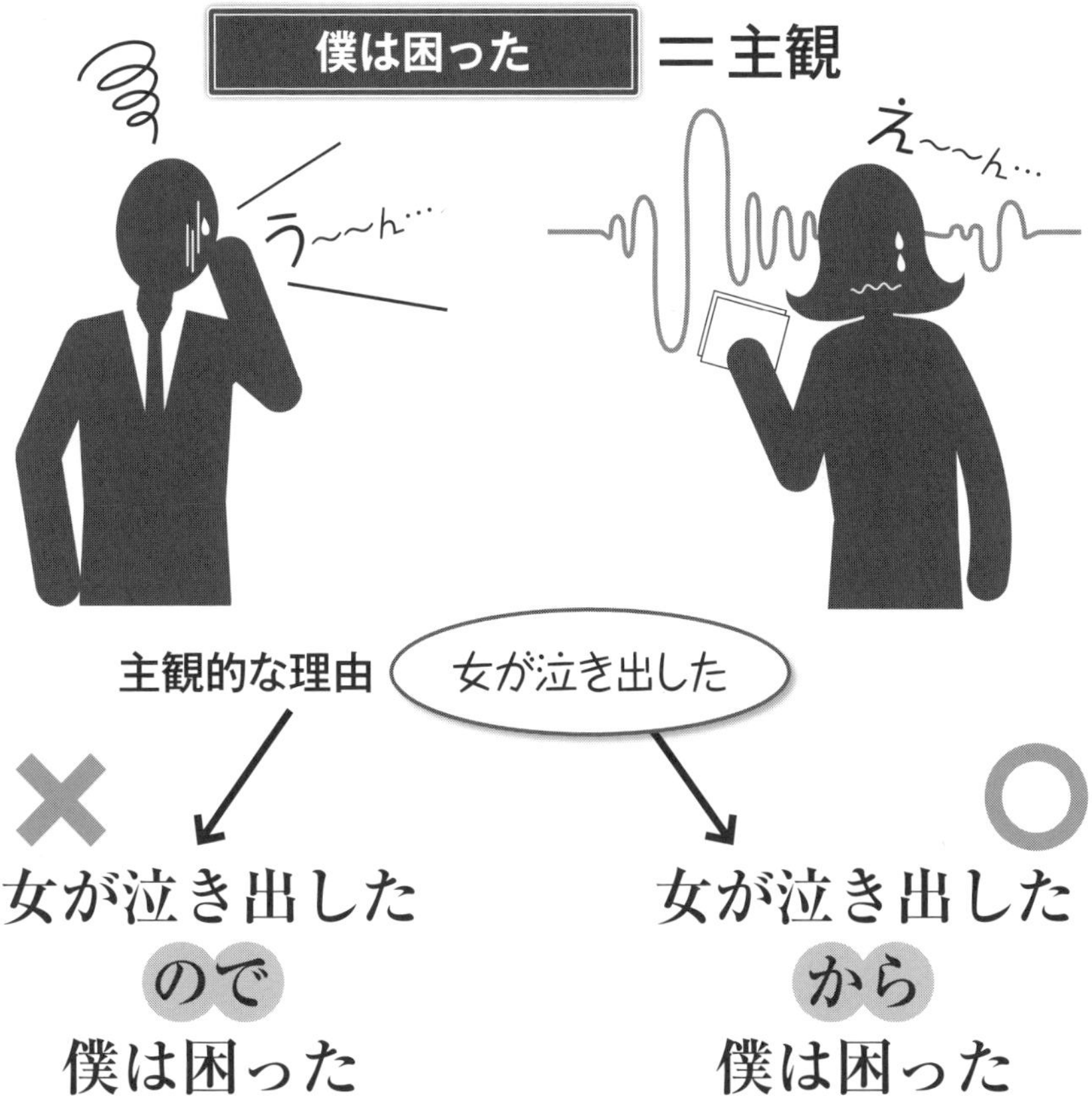

僕は困った
＝主観
う〜〜ん…
え〜〜ん…
主観的な理由
女が泣き出した
×
女が泣き出した
ので
僕は困った
○
女が泣き出した
から
僕は困った

適切な日本語①

「私、人、動物、モノ、事柄」の順番を無視した文章は、違和感を与える

人
私

大切なものから主格にするのが原則

大切なものを主格に持ってくる。日本語の重要なルール

英語の授業で受身形を勉強するとき、「私はコーヒーを飲みました」という文を受身形にしたりします。「コーヒーは私に飲まれました」文法的には間違っていないし、これでも意味は伝わりますが、違和感があります。

日本語には、大切なものを主格に持ってきなさい、というルールがあります。だから、「私」を差し置いて「コーヒー」が主格になっていると、落ち着かないのです。

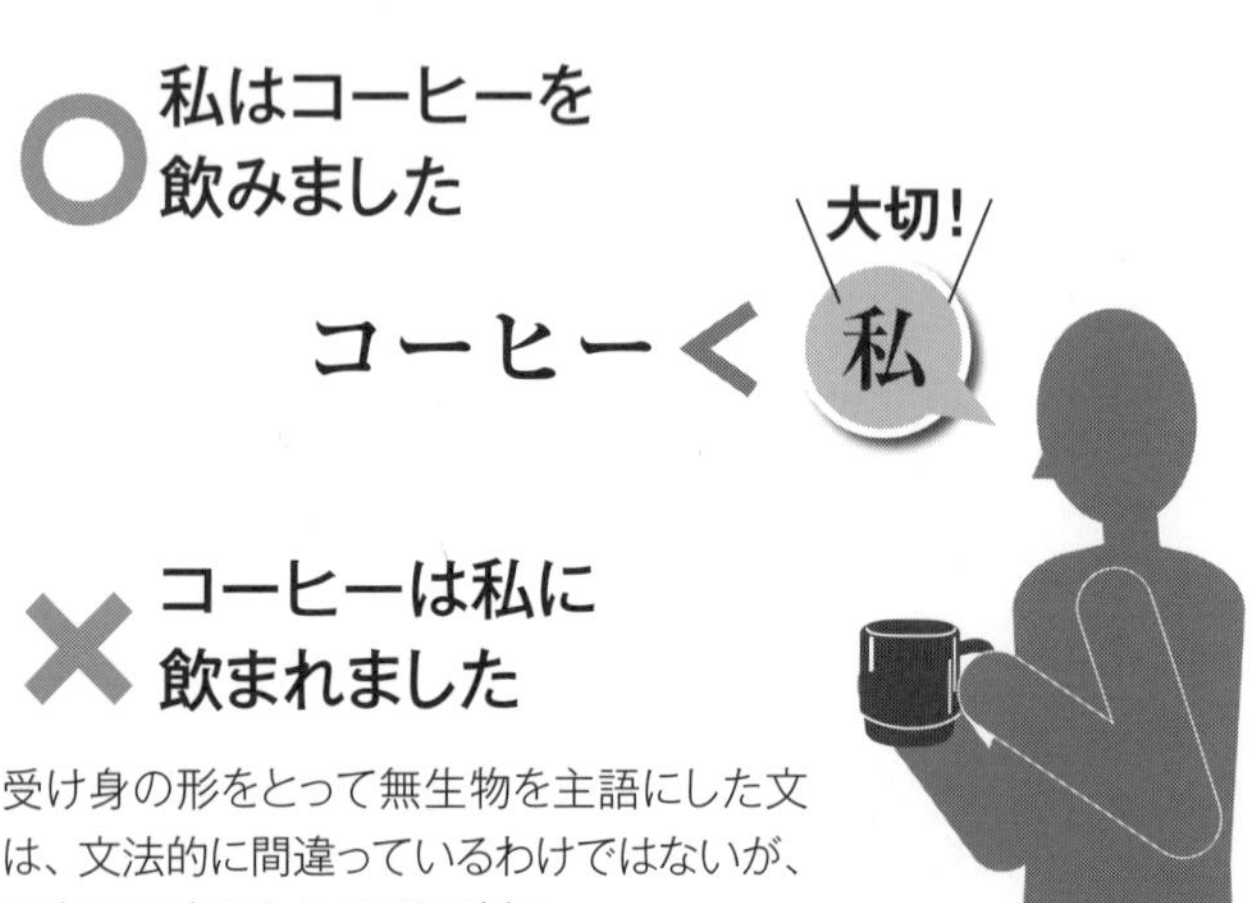
○ 私はコーヒーを飲みました
大切！
コーヒー ＜ 私
× コーヒーは私に飲まれました

受け身の形をとって無生物を主語にした文は、文法的に間違っているわけではないが、日本語の表現としては不適切。

「波が帽子をさらいました」という文も同じ。「帽子が波にさらわれました」のほうが自然です。

文法通り、が適切なわけではない

大切な順番は、「私、人、動物、モノ、事柄」となります。この順番が崩れると適切な日本語ではなくなるのです。ここが英語と大きく違うところです。

「Sunshine on my shoulder makes me happy.」とてもきれいな英語ですが、そのまま訳すと、「肩の太陽が私を幸せにする」となってしまいます。「私」がいるのに直訳で「太陽」が主語になっていると落ち着きません。

こういうときは、「私」を主語にして訳したほうが適切な日本語になります。

Sunshine on my shoulder makes me happy.

○ 肩に日光が当たって、私は幸せだ

× 肩の太陽が私を幸せにする

英語では無生物主語が成立するが、それを日本語に訳すときに直訳すると不適切になる。

適切な日本語②

仕事中、故障中、会議中……間違っているのはどれ？

「中」のつかい方には注意して

▲123456789▼
?
故障中
現在故障しています

熟語の性質をよく見て判断

× 故障 ＋ 中　故障は状態をあらわす言葉なので、持続状態をあらわす「中」をつけるのは不適切。

○ 仕事 ＋ 中　仕事は継続性のある行為をあらわす言葉。「中」をつけて持続状態を示すことができる。

「故障」ということをしているわけではない

仕事中も、故障中も、会議中も、よくつかわれる言葉です。どれも間違っていないように思えるかもしれません。

しかし、「○○中」というのは、いまそのことをしているという意味です。仕事中なら仕事をしている、会議中なら会議をしている。

では、故障中は？　いま、一生懸命「故障」ということをしているわけではありません。

「中」という文字をつかうときに

「中」は持続している状態を示す言葉。どの言葉にもつけられるわけではなく、言葉の持つ性質を見ないといけない。英語で「～ing」とつくものも、単純に「中」に言いなおすと不適切な文になるので注意。

die（死ぬ）の
現在進行形
I am dying.
○私は死にそうだ
私は死亡中だ×

～ingには、いままさにその状態に入ろうとしている、という意味がある。「死ぬ」という状態になりかけていることを示す。

～ingをそのまま「中」に訳してしまうと、「死んでいる最中」になってしまう。訳として不適切。

は、その前にくる言葉の性質をよく見きわめる必要があります。

英語のingをそのまま「中」に置きかえてもOK?

インターネットで「接続中」という言葉。日本語では、すでに接続して、状態が持続しているように思えます。が、あれは英語の「connecting」、「いま接続しようとしている最中」であることを示しています。

英語の現在進行形を単純に「○○中」と訳してしまうと、適切でないことがよくあります。本来「～ing」が持つのは「まさにその動詞の状態に入り込もうとしている」というニュアンスなのです。動詞の持つ性質をよく見て訳さないと、不適切な日本語になってしまいます。

適切な日本語③

一文を短く。接続詞、接続助詞を3つ以上つかわない

文を短くする。これは、わかりやすい日本語を書くためのもっとも効果的なテクニックです。文を短くすることによって、わかりやすさは確実に向上します。ビジネスの文章ならば、これはとても大切なことです。

接続詞や接続助詞をつかえば文はどんどん長くすることができます。しかし、長くなるほど主語と述語が離れてしまったり、関係が崩れてしまったり、意味がとりにくくなります。

ひとつの文に3つ以上の接続詞、接続助詞はつかわないほうが賢明です。接続詞、接続助詞が3つもある文は、簡単に複数の文に分けられますし、分けたほうがわかりやすくなります。ふたつの場合でも、まずふたつに分けることを考えてみるべきでしょう。

人が長い文を書きたがるのは、理知的に見えると信じているからです。少しでもかしこく見せたいと思っていると、自然とセンテンスが長くなります。内容に自信がない人にかぎって、せめて外見はかしこく見えるようにしようと努力するのではないでしょうか。結果的にわかりにくい文を書いてしまいがちなのです。

長いセンテンスは天才にまかせましょう

金田一秀穂の視点

僕は吉田健一の文章が大好き。やたらとセンテンスが長いのに、わかりにくいことはなく、美しい一級品の日本語の文章。澁澤龍彦やプルーストもそうです。ふつうなら主語と述語の関係がおかしくなってしまうもの。でも彼らは違う。天才だからできること！

僕なら決してまねしようとしませんね。

接続助詞と接続詞のつかい方に注意

「～て、～し、～ので、～れば……」などの接続助詞、「また、そして、ところが、しかし……」などの接続詞を連続でつかうと、読みづらい文になる。一文を短くすることを心がけて。

接続助詞の多用

NG

先日ご依頼のありましたカタログを送付いたしますが、何かご不明な点がありましたら、ご一報いただければ、○○様のお時間のあるときに、弊社のスタッフが御社にうかがって、ご説明しますので、ご検討くださいますようお願い申し上げます。

↓ 修正 ●**要素をまとめて文を短くする**

OK

先日ご依頼のありましたカタログを送付いたします。
何かご不明な点がありましたら、ご一報ください。
○○様のお時間のあるときに､弊社のスタッフがご説明にうかがいます。
ご検討ください。

接続詞の多用

NG

お客さまへの景品としてロゴ入りのボールペンを用意します。ところが、用意すべき個数について意見が分かれています。まず前年度までのデータを見るかぎり、2000本でもいいと思います。しかし、今年はイベント開催日が3連休にあたり、人出が増えるのではないかと予測しています。また、会場の近くにアウトレットができました。なので、来場数は増えるのではないかという意見があります。また、景品について告知すると、「2000本では足りない」と予測しています。

↓ 修正 ●**箇条書きを利用してすっきりと**

OK

お客さまへの景品としてロゴ入りのボールペンを用意します。
用意すべき個数について意見が分かれています。
前年度までのデータを見るかぎり、2000本でもいいと思います。
しかし、今年は人出が増えることも考えられます。
理由は、以下の3つです。
1）イベント開催日が3連休にあたる
2）近くにアウトレットができた
3）景品の配布について事前に告知する

適切な
日本語④

仲間言葉、流行り言葉、バイト言葉は書き言葉には適さない

文章を書くとき、話し言葉には注意が必要です。話し言葉としては、あまり問題がない言葉でも、それを書き言葉として使用しようとすると、とたんに違和感が生じるということがあります。

たとえば、「木曜日は定休日になっています」という言い方。コンビニ敬語などといわれ、おおいに問題はあるのですが、話し言葉であれば、許される範囲にあると思います。ただ、店を紹介するパンフレットやホームページにこの文が書かれていたら、それはアウトです。

流行《はや》り言葉は基本的に話し言葉ですから、そのまま書き言葉として使用するのは賢明ではありません。たとえば、「ムカつく」という言葉。話し言葉としては気楽につかっていても、書き言葉としてつかうと、かなり強い印象を与えてしまいます。話し言葉をそのまま書き言葉として使用した場合、読み手に与える印象は、話し言葉の場合とは異なるということを、認識しておいたほうがいいでしょう。

仲間言葉は、仲間内でつかうぶんには便利。親密度も高めてくれます。しかし、誰が目にするかわからない文章にはつかうべきではありません。

ソクラテスは本嫌いだった

★金田一秀穂の視点

書物を最初に批判したのはソクラテスだといわれています。彼は対話を重視しました。人は対話によって考えをかえ、高め合うべきなのに、書物は意見をかえないからけしからん！　ソクラテスは生涯語るだけでした。

しかし、それを弟子のプラトンが書きとめたおかげで、彼の哲学は後世に伝わりました。

“何気にヤバい言葉”を改めて

気づかないうちに口をついて出がちな、若者言葉やバイト言葉。口語でも問題がありますが、とくにビジネス上の書面やメールに残してしまっては信用に関わる。じゅうぶんに気をつけて。

＊若者言葉

NG	OK
「かなりムカつく」	「とても腹立たしい」
「この料理、ヤバいですね」	「この料理はおいしいですね」
「うざいことしているとまずいかもよ」	「しつこくしていると嫌がられるかもしれませんよ」
「私ってプレゼン苦手じゃないですか」	「私はプレゼンが苦手です」
「っていうか、やっぱA案のほうがいいでしょ」	「(B案より)やはりA案のほうがいいと思います」

＊バイト言葉

NG	OK
「A社さんの商品よさげですね」	「A社様の商品はとてもいい雰囲気ですね」
「コーヒーでよろしかったですか？」	「コーヒーでよろしいでしょうか？」
「木曜日は定休日になっています」	「木曜日は定休日です」
「○○様のほうではどう考えていますか？」	「○○様はどうお考えですか？」

口語で許されている若者言葉も、文面にすると、ひじょうにきつい印象を与えてしまう。

ビジネス文書の注意

ビジネスでつかう文章には徹底的にひな形を利用する

ビジネス文書には、多くの場合、決まりきった形があります。そういった文書には、そつなくまとまったひな形があるものです。効率よく仕事を進めるためには、よくつかう文書のひな形を用意しておくといいでしょう。日付、宛名、要件だけ書き込めばいいようにしておくと便利です。

なぜひな形でいいのかといえば、ビジネス文書では、ひな形になっている部分は、読まれないことが多いからです。そういう部分に労力を費やすのは無駄なので、できるだけ省力化をはかり、適切に要件を伝えることに力を注ぐようにします。

要件はできるだけ簡潔な箇条書きにします。それが相手にとってもっともわかりやすく、間違いも起きにくいからです。箇条書きにすることで、伝えたいことのポイントがはっきりとします。

意見と事柄を分けることも大切です。伝えなければならない事柄はしっかり伝え、自分の意見をつけ加えるのであれば、これは自分の意見であると明記して、まとめるようにします。ビジネスの文章としては失格です。客観的な事実である事柄と、書き手の意見が混在している文章は、ビジネスの文章としては失格です。

ビジネス文書を得意になる必要などありません

ビジネス文書が得意な人なんていないでしょう。得意になる必要などないのです。僕も大嫌い！「お世話になっております」ですら、いらないと思ってしまう。ひな形でじゅうぶん。書く側も読む側も面倒くさいと思っているのですから、前置きは短く、要点は箇条書きで明確にしてほしいですね。

フォーマットをつかえばビジネス文書はこわくない

ビジネス文書には一定のひな形がある。フォーマットを用意しておき、相手に応じてアレンジを。

文書の番号と発信した年月日を記す。

No.○○○○
平成○年○月○日

受信者の会社名、部署名、氏名。敬称を忘れずに。

株式会社○○商事
○○課　○○○○様

発信者の会社名、部署名、氏名。

○○○株式会社
○○課　○○○○

標題「～のお願い」「～について」などを記す。

○○○のお願い

前文：拝啓、謹啓などの書き起こしの言葉ではじめ、時候の挨拶、相手の安否や日頃の感謝を述べる。

主文１：改行してひと文字下げて、「さて、～（起語）」で本題に入る。

主文２：主文１を受けて、「つきましては～（用件）」で展開。何を目的とした文書なのかを記す。

末文：結びの挨拶。「まずは～」と結び、最後に書き起こしに対応した敬具、敬白などの結びの言葉で終える。

別記。詳細を箇条書きで。箇条書きを並べる際は、重要性の高いものから順に。「５Ｗ１Ｈ」と金額（How much）、数量（How many）が入っているか、チェックしながらまとめるとよい。

記
1. ○○　○○○○○○
2. ○○　○○○○○○
3. ○○　○○○○○○

なお、○○○○○○○○○○○○○○○

以上

追記。「なお」や「追記」などを添えて。補足事項を追加するときにつかう。ただし、目上の人に対して、また慶弔の文書にはつかわない。

追記の最後は、以上でしめくくる。

推敲のコツ

一息で書き、3時間置いて、別人の心で読みなおす

文章を書くとき、なるべく一息に書くのがおすすめです。もちろん長さにもよりますが、2000字くらいまでの文章なら、一息に書きます。

この方法は、テーマについての考えを深めるのに適しています。書きながら自分の考えがまとまっていくこともありますし、書きはじめるときには気づいていなかった結論に行き着くこともあります。それが一息に書くメリットなのです。

しかし、こうして書き上げた文章は、少なくとも3時間ほど置き、冷静になってから、別人の目で読みなおしてみる必要があります。読みなおすと、なおしたいところが見つかります。

とくに接続詞に注目してみましょう。接続詞を見なおし、センテンスを短くしていくことで、わかりやすくなります。

手なおしするなら、書き進めながら、細部にも目を配り、最初から完成した文章を書けばいいのではないか、という意見もあるかもしれません。しかし、一息に書くからこそ文章にリズムが生まれたり、新たに気づくことがあるのも事実なのです。

メールを出す前も冷静に他人の目になって

金田一秀穂の視点

僕はメール命！　大事なことが簡潔に記されていて、記録としても残る。検索すれば出てくる。忙しい人間や忘れっぽい人間にとって、これほどありがたいものはありません。

ただし、推敲は必要。出す前にちょっと冷静になって、他人の目で文章を読む。この習慣だけで、多くのミスを防ぐことができます。

“他人の目”で自分の文章を見なおす

文章を書くときには、書く作業だけでなく推敲が大事。書いた文章をどれだけ客観的な目で見なおすことができるかが、文章がわかりやすいものになるかどうかの分かれ目になる。

一息に書く

2000字程度の文章なら一息に書き上げる。細かい構成を考えるより、考えていることを文字にしていく。最初から2000字で収めようとせず、倍くらいの量を書いてもいい。最終的に推敲で削る。

プリントアウトする

3時間程度時間をあける。食事、睡眠をとったり、お風呂に入ったりして気分転換をはかる。

プリントアウトする。パソコンの画面を通じて見なおすより、自分の文章を客観的に読むことができる。

推敲する

プリントアウトした文章に修正を加えていく。
とくに注目したいのは接続詞や接続助詞。ダラダラ長い文章を削る。簡潔明瞭になり、規定の文字量に収めることができる。

Check!
推敲のチェックポイント →P 68~69

推敲のチェックポイント

書いた文章を読みなおすときには、間違えやすい文法を重点的に見る。何がどの言葉にかかるのか、どこまでがひとつの意味なのか、文章を細かく分解しながら修正を入れていく。最後は滞りのない文章になっているか音読してチェック。

Check1

誤変換はないか？

ひじょうによく起こるミス。同音異義語は見落としやすい。誤変換を探すつもりで注意深く見なおして。文字の意味を理解していないと、誤変換に気づかないことも。最低限の教養も必要。

赤くて華やかなトマトのパスタを食べているとき、山田さんが映画の話をはじめた。感心を持って相づちを打つと、山田さんは霧中で話しつづけた。ところが、1時間以上しゃべりつづけ

Change!

山田さんとカフェに行き、トマト味の赤いパスタを頼んだ。華やかな盛り付けだった。

食事中、彼が映画の話をしたので、関心を持って相づちを打った。彼は1時間

Check2

形容詞のかかり方は？

形容詞がどこまでかかるのかが、あいまいになっていないかをチェック。どこまで修飾するかを明確にして、誤解なく伝わるように修正。

Check3
接続詞、接続助詞のつかい方は？
適切な接続詞、接続助詞がつかわれているか、別の言葉にかえる必要がないかをチェック。とくに接続詞の前後の文が、適切につながっているかも忘れずに確認して。そこで本当に接続詞をつかわなければならないかも考える。

て、ちっとも山田さんはパスタを食べなかった。「しゃべりすぎてごめん」と言うから、「全然いいです」とこたえた。それからひとりで新宿に行って話題の映画を見なかった。

Check4
読点の位置は？
どこに打つか、とくに決まりはない。実際に読んでみて、わかりやすいかどうかを判断基準にして、加えたり、削ったりしてみる。どこに打つかで、文章のわかりやすさが大きくかわる。

Check5
呼応の副詞の関係や位置は？
「たいてい」「たぶん」「きっと」などの副詞は、とかく文の前のほうにつかわれがち。どの言葉にかかるのかを考え、その言葉の前に持ってくることで、わかりやすい文になる。また全然〜ない、かならず〜だ、など文末との関係にも注意。

以上話に夢中になり、パスタをちっとも食べなかった。「しゃべりすぎてごめん」と言うので、「全然かまいません」とこたえた。
それからひとりで新宿に行ったが、話題に出た映画は見なかった。

文章上達法

上達法は他人の言葉にふれること。落語、随筆はとくにおすすめ

文章を上達させるために、何かできることはあるでしょうか。一般論をいえば、きちんとした日本語にふれることが大切です。夏目漱石とはいいませんが、せめて芥川龍之介や谷崎潤一郎くらいは、読んでみてもいいのではないでしょうか。

現代の作家でというのであれば、川上弘美や向田邦子の文章を読むことをおすすめします。文章のたいへん上手な作家たちです。こういう人たちの随筆は、日本語の文章のお手本として一級品だと思います。

上手な落語を聞くことも、日本語の文章を書くトレーニングになります。落語というと、意外な感じがするかもしれません。

しかし、現在の日本語の書き言葉は、落語の影響を受けて生まれたものです。二葉亭四迷は、幕末から明治時代にかけて活躍した三遊亭圓朝の話し言葉を文章化し、言文一致体をつくり上げました。現代日本語の書き言葉のルーツがそこにあります。耳に響く言葉はいい言葉です。上手な落語を聞いて、流れるような日本語のリズムを体にしみ込ませておくことは、その人の書く文章の上達に確実にいい影響をおよぼします。

夏目漱石も落語ファンだった

金田一秀穂の視点

古今亭志ん朝、立川談志、柳家小三治……大阪なら桂米朝。名人の古典落語を聞いてください。何より文章上達の勉強になります。きちんとした話し言葉というのは、文章にそのままなおしても名文になるのです。

明治時代はそれが圓朝だった。夏目漱石も落語大好きでしたからね。ぜひおすすめです。

「書く」ためには「読む×聞く」のインプットが大事

文章上達のためには、書いてばかりいてもダメ。読むこと、聞くことで、他人の良質の文にふれるインプットの時間が必要。それらを自分のなかで積み上げ、練り上げ、アウトプットしていくことで上達できる。

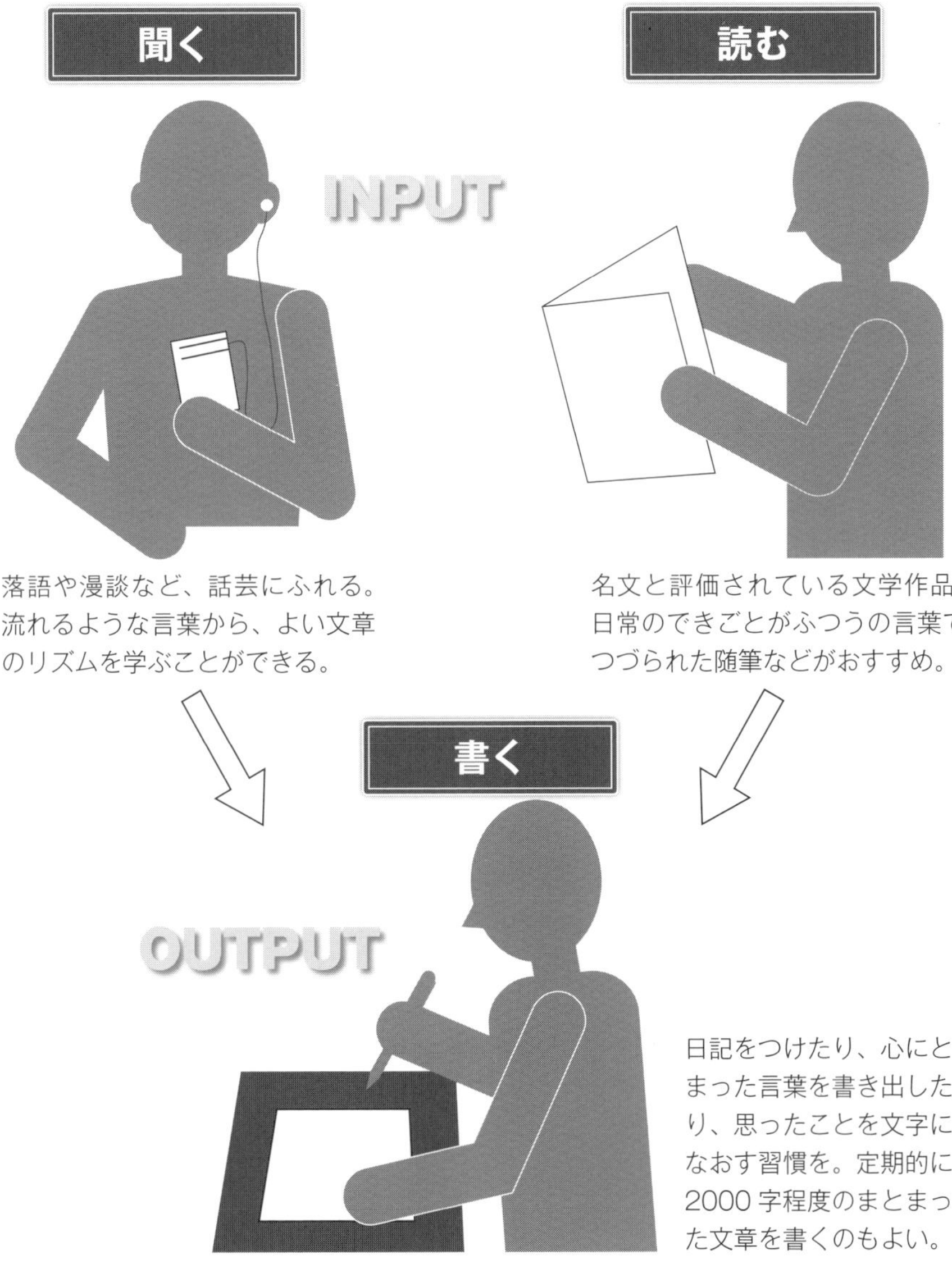
聞く
読む
INPUT
落語や漫談など、話芸にふれる。流れるような言葉から、よい文章のリズムを学ぶことができる。
名文と評価されている文学作品、日常のできごとがふつうの言葉でつづられた随筆などがおすすめ。
書く
OUTPUT
日記をつけたり、心にとまった言葉を書き出したり、思ったことを文字になおす習慣を。定期的に2000字程度のまとまった文章を書くのもよい。

代を生き抜く

対話力の高め方

なぜ若い人は、当たり前のことが理解できないのか?　指示されないと実行しないのか?　若い世代とのコミュニケーション・ギャップがビジネスの世界でも問題となっています。原因のひとつにコミュニケーションの種類、スキルの変化があります。日本語の持つ構造の特徴と社会生活環境の変化がこれを生み出しています。グローバル時代に求められるのは、多様な人々と対話する力。自分たちの言語をいま一度見なおし、新しい時代に対応できる対話力を身につけていきましょう。

3時間目 グローバル時代の日本語

グローバル化したビジネスの世界では
多様な価値観を持つ人たちが
いっしょに仕事をしていくための
日本語対話力が求められています!

平田オリザ

ひらた・おりざ

1962年東京都生まれ。劇作家・演出家・劇団青年団主宰。大阪大学コミュニケーションデザインセンター教授。

国際基督教大学教養学部卒業。1995年『東京ノート』で岸田國士戯曲賞受賞。2002年『その河をこえて、五月』で朝日舞台芸術賞グランプリ受賞。2009年より内閣官房参与。文部科学省コミュニケーション教育推進会議委員(座長)なども務め、演劇以外に教育、言語の分野でも活躍。2002年度以降、中学校や小学校の国語教科書でワークショップの方法論にもとづいた教材が採用される。『演劇入門』、『話し言葉の日本語』(井上ひさし氏との共著)、『コミュニケーション力を引き出す』(蓮行氏との共著)など著書多数。

日本語の特性を知ることが対話力を高める

ヨーロッパ型ローコンテクストな社会

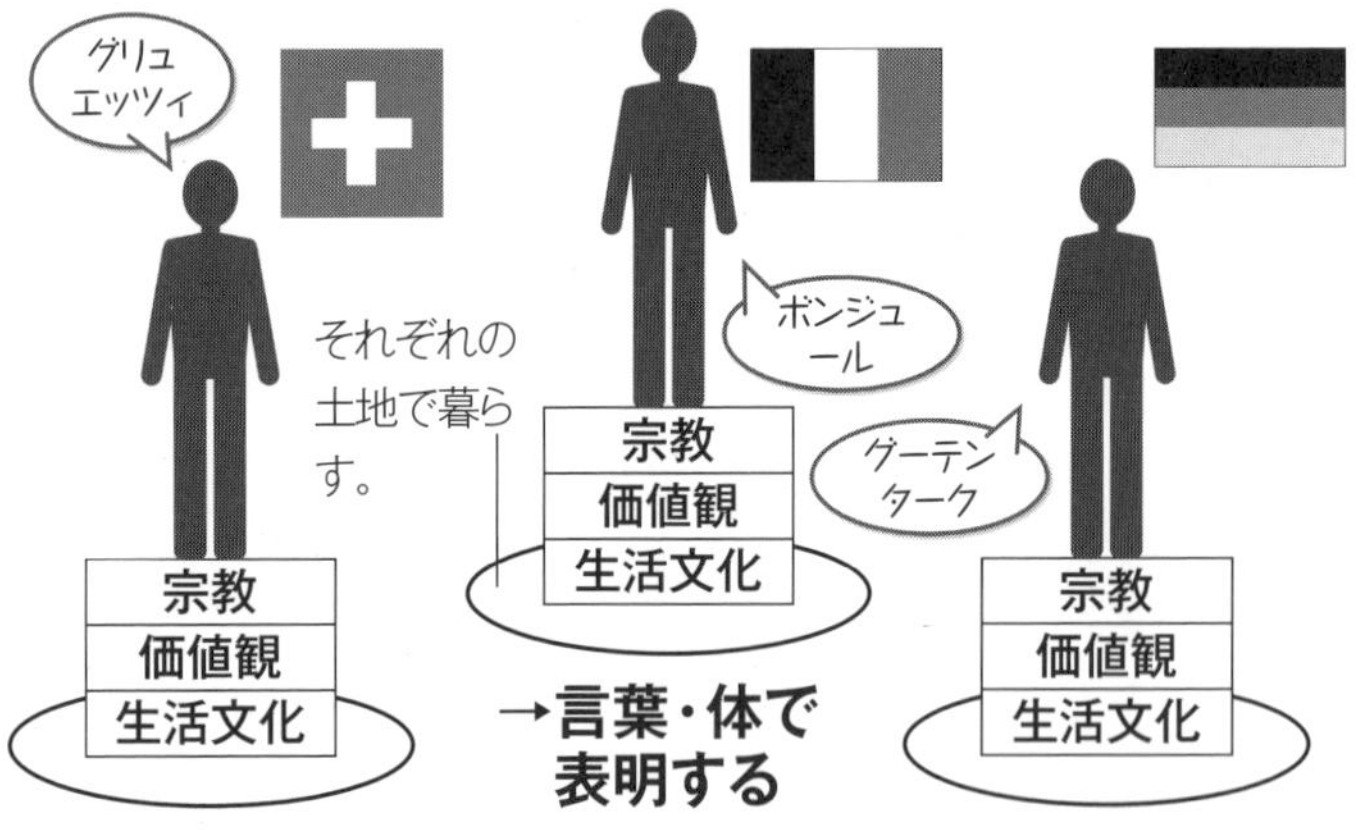
グリュエッツィ
ボンジュール
グーテンターク
それぞれの土地で暮らす。
宗教
価値観
生活文化
宗教
価値観
生活文化
宗教
価値観
生活文化
→言葉・体で表明する

日本語はかぎられた土地で通じる特殊な言語

日本語は、国内では通じますが、日本を出たら通じません。1億人以上がつかう言語で、こんなにも国境線と言語の境界線が重なっているのは日本語だけです。

これは、9世紀以降19世紀まで、文化的な鎖国状態が1000年ほどつづいたことが原因となっています。その間、日本は他国を支配することも、他国に支配されることもありませんでした。日本語はかぎられた地域だけで通じる言語として発展してきたのです。

同じ生活、価値観がつくるハイコンテクストな社会

とくに江戸時代になると、国内でも人口流動がなくなり、人々はかぎられた地域で暮らしてきました。おまけに、多くの人々は稲作に従事していました。稲作で収量を上げるためには、村全体で田植えをし、稲刈りをするというように、みんなが同じことをしなければなりませんでした。結果として似た生活になります。

このように、同じライフスタイ

日本型ハイコンテクストな社会

ハイコンテクストな社会で求められるコミュニケーション能力は、他とは異質で、国際社会においては少数派。
……
→察し合い、わかり合う
かぎられた土地のなかで暮らす。
よく似た宗教
よく似た価値観
よく似た生活文化

ルで、同じ価値観を持つ人たちが暮らす社会を、言語学ではハイコンテクストな社会といいます。

言葉や態度で明確にあらわさなくても、コンテクスト（文脈）によってわかり合うことができる社会。日本語はこうしたなかから生まれ育ってきた言語なのです。

違いを伝える必要があるローコンテクストな社会

一方、ヨーロッパでは、異なる文化、異なる価値観、異なる宗教を持つ人々が、陸つづきの国で暮らしてきました。このような社会では、自分が何者であり、何を愛し、何を憎み、どんな能力を持っているのかを、明確に他者に伝える必要があります。

これをローコンテクストな社会と呼びます。そして違いを認め、それを伝えるのは、ローコンテクストな社会におけるコミュニケーションの基本なのです。

コンセンサスを見出す力が必要

そこでは、異なる価値観を持つ他者と話し合い、コンセンサスを得ていくことが必要になります。これが対話です。ヨーロッパの言語は、そのための道具として発達してきました。他者がいないなかでのコミュニケーションを前提とした日本語は、それらの言語とは異なる特性を持っています。

現在、日本のビジネスパーソンには、対話力を高めていくことが求められています。そのためには、まず日本語の特性をよく知り、その弱点を乗り越えていくことが必要になります。

日本語の構造①

日本は察し合い、わかり合う文化。日本語は対話の構造を持たない

日本語はハイコンテクストな社会で生まれた言語で、そのルーツは稲作社会にあると考えられています。村というひじょうに狭い社会が単位となり、時期がくれば村の田にいっせいに水を引き、そろって田植えをし、刈り取りも、脱穀も総出でおこなっていました。家族単位で作業できる小麦などの畑作とは、基本的に異なっているのです。

このように狭い社会で、同じ価値観を持って暮らしていると、相手が何を考えているのか、言葉に出さなくても理解できます。そして、察し合い、わかり合う文化がそこに生まれます。「日本人なら察してよ」「わざわざ口にするなんて野暮」という文化です。

察することができない人は、最近の表現では「KYな人」ということになります。日本の社会でコミュニケーション能力といえば、かつては、察する能力、言わなくてもわかる能力を指していました。

察し合い、わかり合う社会に他者は存在せず、対話は生まれません。異なる価値観を持つ他者と語り合い、共通の考えに到達しようとするのが対話だとすれば、日本語には対話の構造がないのです。

他者を意識するとふつうの場面も演劇になる

平田オリザの視点

対話は英語で「ダイアローグ」。でも、日本語の辞書では「一対一で話すこと」くらいの意味しか書いてありません。英英辞典をひくとさまざまな意味があり、「演劇の台詞」という定義まであるのです。対話はドラマ性の高いやりとり。ふつうの場面でも他者を登場させると対話が生まれ、ドラマになります。

「対話」に必要なのは「他者」の存在

演劇の一場面として以下を見てみよう。家族間は同じコンテクストを持つため、他者性が低い「わかり合う社会」。そこに「対話」は生まれない。しかし観客には彼らの職業すらわからない。観客（他者）を意識し、演出をかえると「対話」が生まれ、演劇になる。

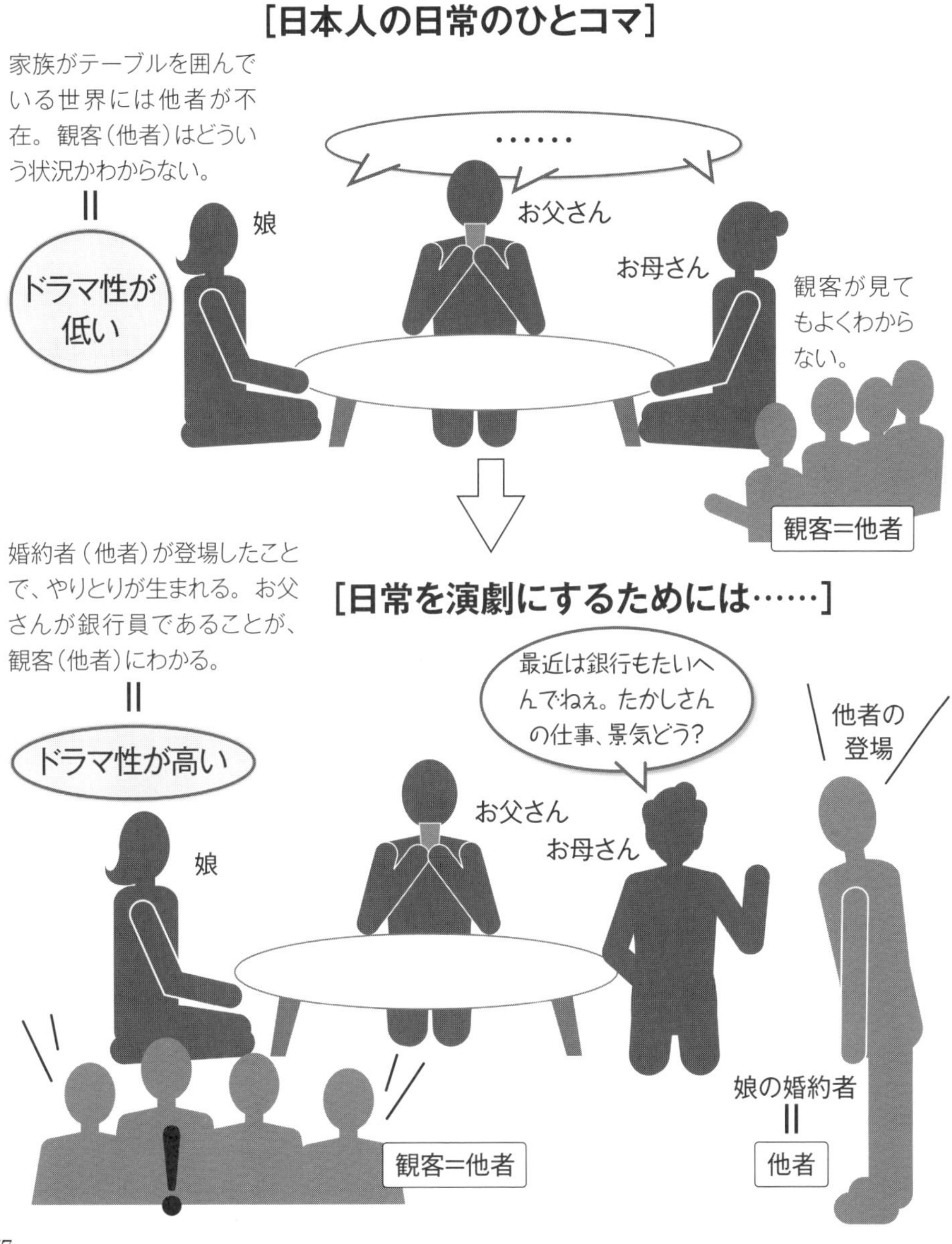

[日本人の日常のひとコマ]
家族がテーブルを囲んでいる世界には他者が不在。観客（他者）はどういう状況かわからない。
=
ドラマ性が低い
……
娘
お父さん
お母さん
観客が見てもよくわからない。
観客＝他者
[日常を演劇にするためには……]
婚約者（他者）が登場したことで、やりとりが生まれる。お父さんが銀行員であることが、観客（他者）にわかる。
=
ドラマ性が高い
最近は銀行もたいへんでねぇ。たかしさんの仕事、景気どう？
他者の登場
お父さん
お母さん
娘
観客＝他者
娘の婚約者
=
他者

日本語の構造②

外国人が戸惑う居酒屋会話。単語の会話は世界に通用しない

居酒屋に数人の大学生がいます。「チューハイ?」「チューハイ」「チューハイ」「レモンは?」「絞る」「絞って」「あ、おれいらない」――よくある会話ですが、外国人留学生は、この単語だけの会話にはなかなかついていけません。

ふたりの大学院生がいる研究室に、学部生が来て、「コーヒーいれましょうか?」と聞いたとします。「いいよ、いいよ」「気にしないで」「自分の実験あるんでしょ」「はやく実験室にもどったら」――大学院生ふたりが同時にしゃべる。日本人にとってはなんでもない会話でしょう。ところが、学部生が留学生だった場合、何を言われたのかよく理解できません。

日本の社会はすべてを言わなくても、言いたいことを理解してもらえるハイコンテクストな社会です。そこから生まれた日本語は、文法的に多くの言葉を省略できます。また、ひとつのことをふたりで分けて言うこともできます。言いたいことがお互いわかっているからです。

しかし、このコミュニケーションは世界では通用しません。

両親がハイコンテクスト度を高めている

平田オリザの視点

若い人たちが単語で話すようになったのは、日本語の持つ特性に加え、やさしい両親や先生の存在が関係していると思います。

子どもが「ケーキ」と言ったとき、すぐに親が先まわりして考え、ケーキを出してしまう環境。それが、単語で話す若者を生み出しているのです。

センテンスを分担しても、理解し合えるのは？

同じコンテクストのなかで生きていると、単語だけで話したり、ひとつのセンテンスを複数で分担して話すことができる。しかしコンテクストが異なる人が加わったときは、理解されない。

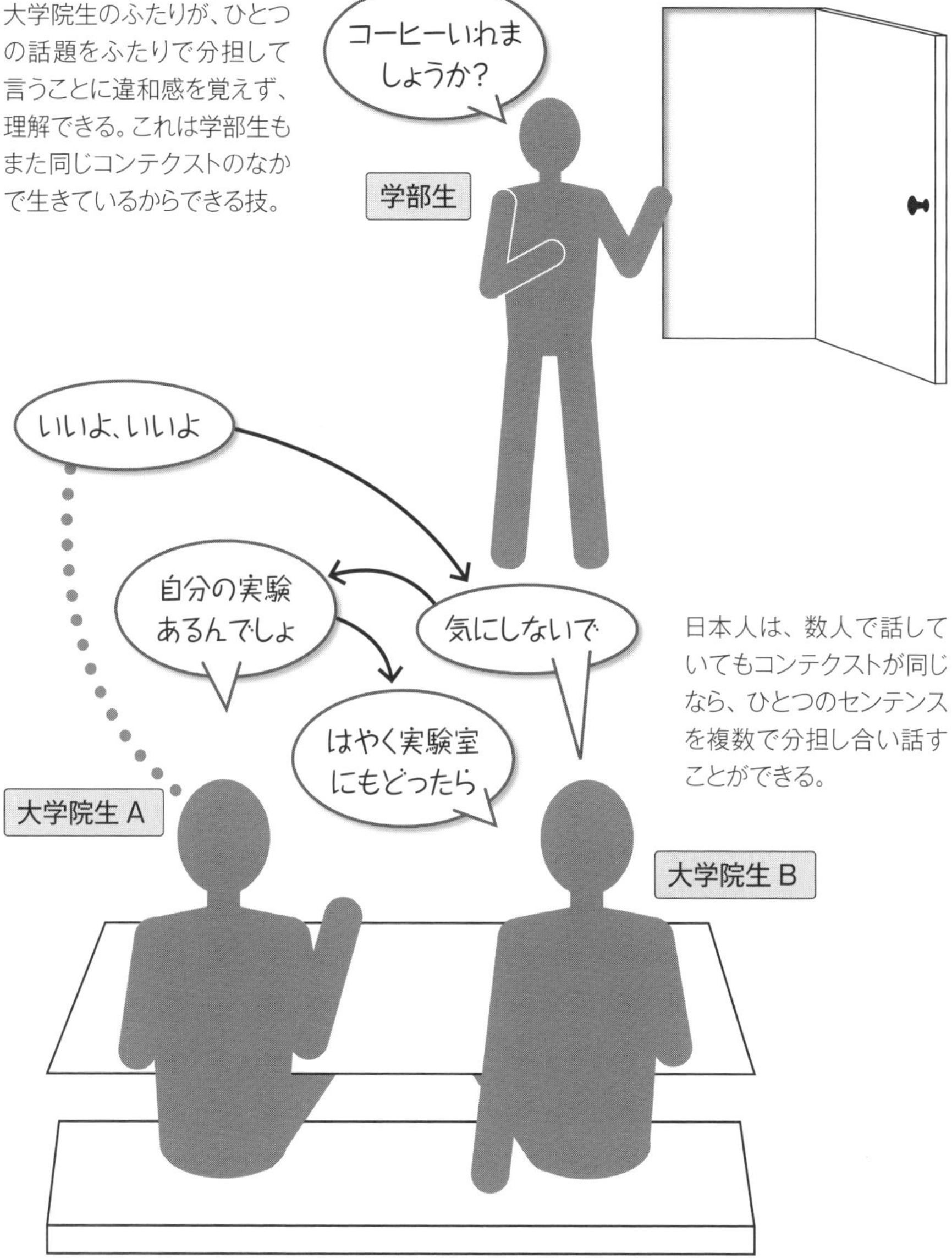

大学院生のふたりが、ひとつの話題をふたりで分担して言うことに違和感を覚えず、理解できる。これは学部生もまた同じコンテクストのなかで生きているからできる技。
コーヒーいれましょうか？
学部生
いいよ、いいよ
気にしないで
自分の実験あるんでしょ
はやく実験室にもどったら
大学院生 A
大学院生 B
日本人は、数人で話していてもコンテクストが同じなら、ひとつのセンテンスを複数で分担し合い話すことができる。

日本語の対話力①

「わかり合えない」という認識が人と話すときの大前提

ケーキが欲しいときに「ケーキ」と言うように、幼児は基本的に単語でしか話しません。そして、他者と出会うことで文を獲得していきます。これが言語発達の過程です。他者と出会わなければ、高校生になっても、大学生になっても、単語で済ませてしまいます。

しかし、社会に出ていくと、さすがに異なる価値観を持った他者と出会います。単語だけでわかり合える関係ではなく、わかり合えないことを前提としたコミュニケーションが不可欠になります。

Aという意見を持つ人と、Bという意見を持つ人がいるとします。話し合ってどちらが優れているかを競い、AかBのどちらかに決めるのが「対論（ディベート）」です。しかし、多くのビジネスシーンで求められるのは、こちらではありません。話し合うことでCという意見を導き出し、合意に達するのが「対話」なのです。

対話は、異なる価値観、異なる文化的背景と出会い、自分がかわっていくことを潔しとするところに成立します。日本人は比較的これが苦手。対話の基礎体力がやや劣っているのです。

友だち同士でも事件によって他者性が生まれる

平田オリザの視点

「他者」は見知らぬ人だけとはかぎりません。たとえば親しい友だちとの関係でも、ケンカをしたり、恋愛感情を抱いたり……何か事件をきっかけとして、お互いの価値観の違いが明確になることがあります。

知っている人同士の他者性も言語発達に大きな影響をおよぼします。

「わかり合えない」前提でコミュニケーションをとる

小さい頃は、社会=家庭。前提が同じ家族同士の会話に他者はいない。しかし、成長とともに所属する社会は複雑化。前提が異なる人とやりとりすることで、対話が生まれる。

家　族

家庭のなかは「わかり合う、察し合う社会」。前提が同じなので単語で話しても相手は理解できる。

ケーキ……
はい
息子
お母さん
前提
家
同じライフスタイル
同じ価値観

成長とともに属する
社会がかわる

一般社会

ひとりひとり前提部分が異なる。言葉が足りなければ意思疎通は不可能。

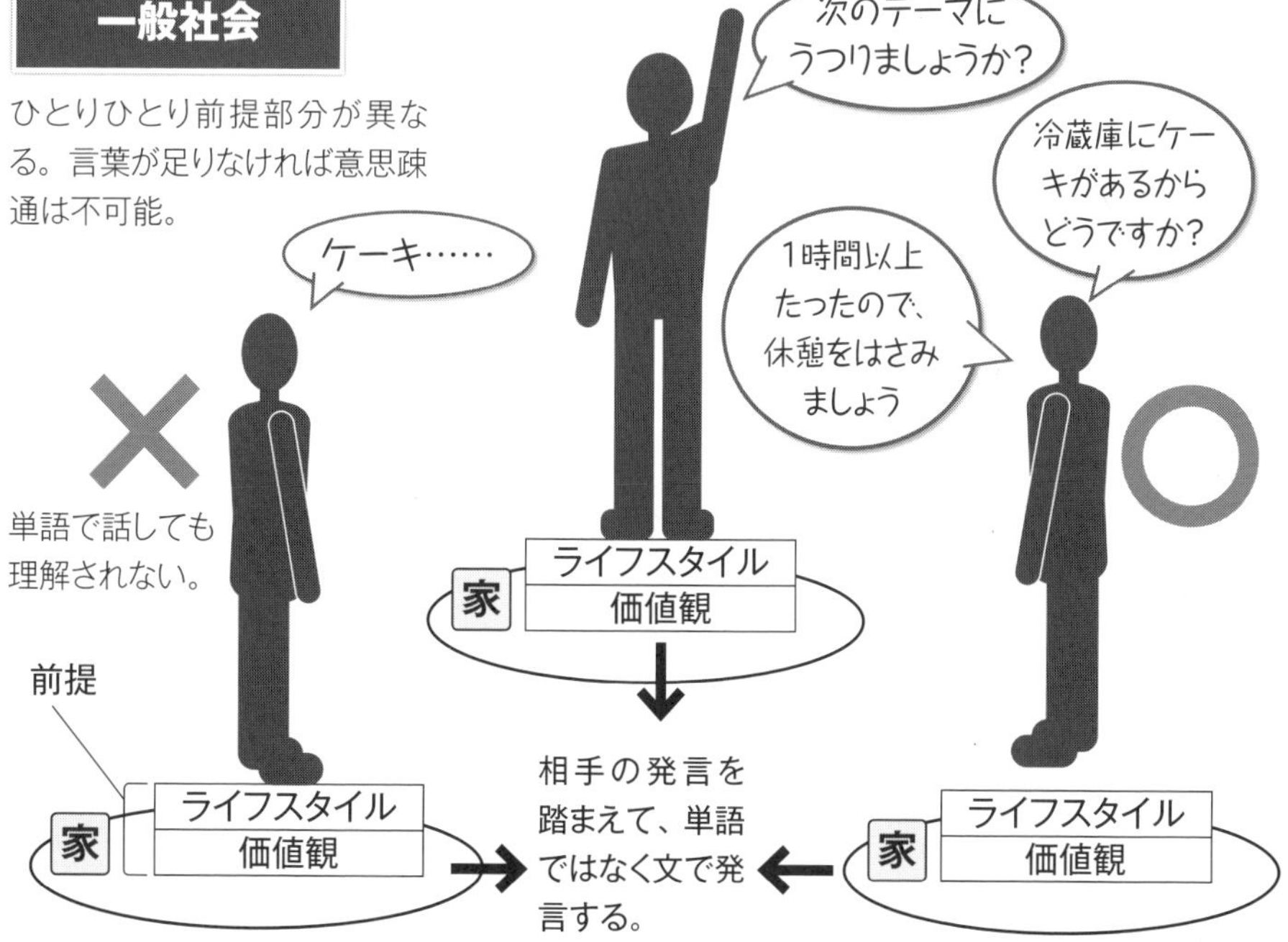
次のテーマに
うつりましょうか?
冷蔵庫にケーキがあるからどうですか?
1時間以上
たったので、
休憩をはさみ
ましょう
ケーキ……
単語で話しても
理解されない。
前提
家
ライフスタイル
価値観
相手の発言を踏まえて、単語ではなく文で発言する。

日本語の対話力②

話しているうちに新しい意見にたどり着く

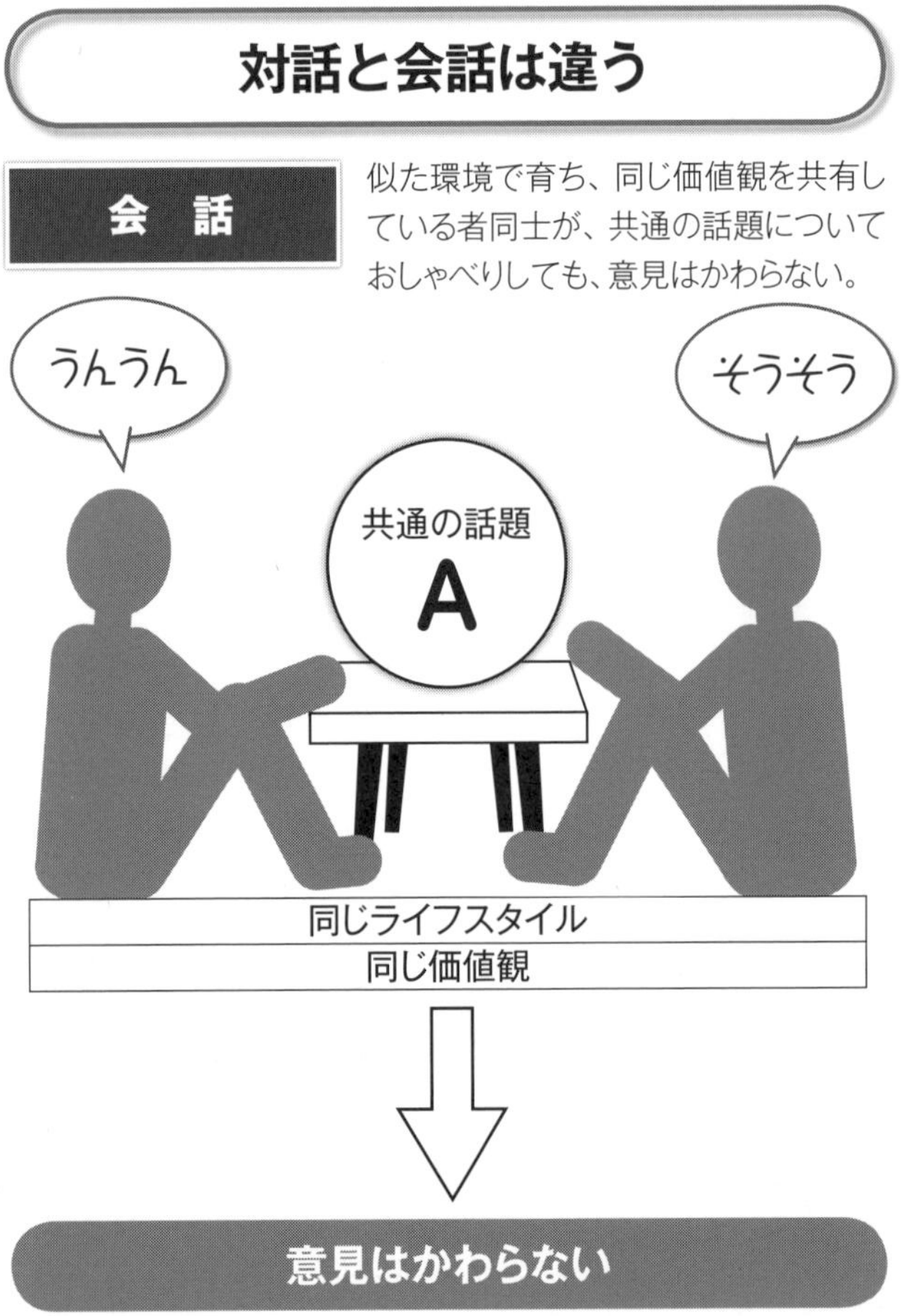
対話と会話は違う
会話
似た環境で育ち、同じ価値観を共有している者同士が、共通の話題についておしゃべりしても、意見はかわらない。
うんうん
そうそう
共通の話題
A
同じライフスタイル
同じ価値観
意見はかわらない

新しい意見でコンセンサスを得るのが対話

対話は会話とも違います。たとえば、親しい人同士のおしゃべりを想像してみてください。同じ価値観、同じ文化的背景を持った人同士だと、お互いにわかり合うことができ、意見は対立しません。Aという共通した意見を持つふたりが話し合うのですから、容易に合意できますし、話し合うことで意見がかわることはありません。

一方、対話は、異なる価値観、文化的背景を持つ人、つまり「他会話は親しい者同士のおしゃべり。対話は違う価値観を持つ人々が、互いの意見を表明して、新しい意見を模索する行為である。

対　話

違う環境で育ち、違う価値観を持つことを理解したうえで、意見（AB）を言い合う。対話を経て新しい意見（C）が生まれる。

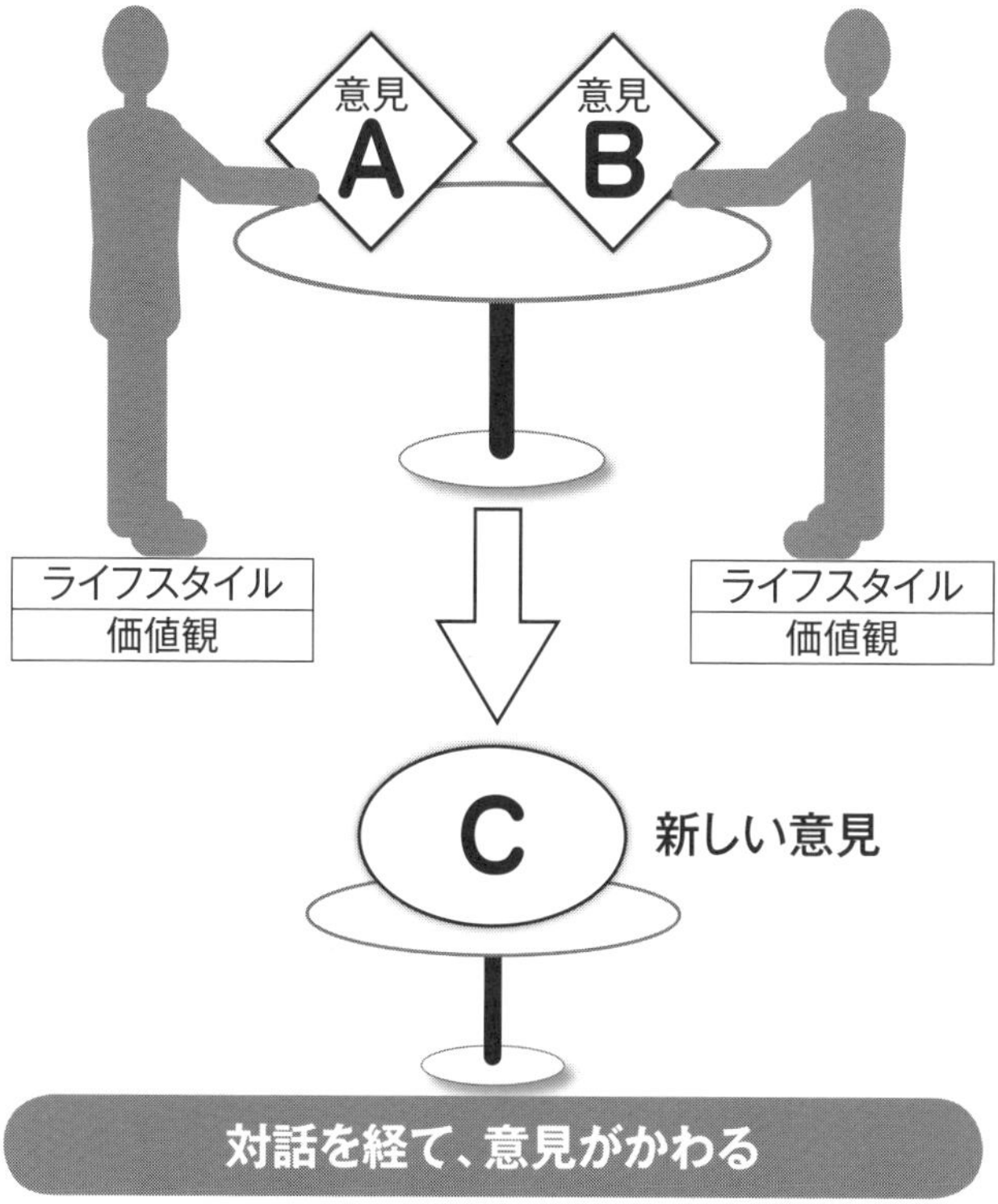
意見
A
意見
B
ライフスタイル
価値観
ライフスタイル
価値観
C
新しい意見
対話を経て、意見がかわる

者」の存在ではじまります。とくにビジネスでは、考えが違うからと、避けるわけにはいきません。自分とは異なる相手の意見を聞き、こちらの意見を主張して、新しい意見にたどり着き、コンセンサスを得る必要があるのです。

反論は当たり前。そこから対話がスタート

たとえば演出家の仕事をしていると、国内の現場で反論されることはあまりありません。ところが欧米では、反論が出てくるのは日常茶飯事です。そこで対話が生まれ、新たな意見にたどり着きます。

演出だけでなく、欧米で仕事をするときに戸惑う原因の多くがここにあります。対話を積み重ねていく過程に耐えられず、「なぜわかってくれないんだ」となるのです。

日本語の運用能力①

旧日本型からグローバルコミュニケーション能力へ

上司の気持ちを察するのは旧来のコミュニケーション

　企業の採用担当者は、コミュニケーション能力の必要性を力説します。また、中高年の幹部社員は、最近の若者はコミュニケーション能力が低いといいます。このようにつかわれるコミュニケーション能力という言葉が、一体何を指しているのか――。それをあきらかにしておくことは大切です。

　日本の社会において、少なくとも１９８０年代まで求められていたのは、旧日本型コミュニケーシ

旧日本型コミュニケーション
……
イラ
イラ
あ、社長、お茶ですか？気づかずに申し訳ありません
いますぐ持って参ります

上司の様子を察して、何を望んでいるのか瞬時に考えて、応対するのは「察し合う、わかり合う社会」を持っていた昔の日本のコミュニケーション。

ョン能力でした。会社内では上司の気持ちを察することができ、言われなくてもわかる能力のこと。

しかし、このような察し合い、わかり合う文化は、国際社会においては少数派。伝えたいことはきちんと言葉で表現するのが、グローバルスタンダードです。

伝えたいことを言葉で。世界標準の能力が必要

ビジネスパーソンに求められているのは、まさにこのような能力で、決して旧日本型コミュニケーション能力ではありません。そこを勘違いして混乱を招いているケースがあります。

口ではグローバルスタンダードと言いながら、旧日本型コミュニケーションを要求する企業が多いのです。

グローバルコミュニケーション
山田くん、来客があるからあたたかいお茶をふたつ用意してください
5分以内にお願いします
はい、わかりました
理由を述べ、すべきことを伝える。
期限を知らせ、いつまでに何をするかを伝える。
昔といまでは、ひとりひとり生活文化や育成環境、価値観も異なる。コミュニケーションをとるには、言葉にして伝える。グローバル社会の基本。

日本語の運用能力②

対話は冗長（無駄）率が大事。冗長率をコントロールする話し方を

親しくないと無駄な言葉が増える

冗長率の低いコミュニケーション

含まれる冗長率は?】

冗長率が低い

長年連れ添った夫婦の会話などは、「言わなくてもわかる」ため言葉数が少なくなる。あうんの呼吸で交わされる会話などは冗長率ゼロ。

不必要な言葉＝冗長な言葉をどれだけ含んでいるか？

日本語でコミュニケーションをとり、対話を成立させるのに、そのヒントとなるのが、「冗長率」という考え方。人の話は、意味の伝達に必要な言葉だけで構成されているわけではなく、意味伝達には必要ではない冗長な言葉も含まれます。それがどの程度入っているかを示すのが冗長率。

演説、ディベート、対話、会話などで、冗長率が高いのはどれでしょう。親しい人との会話が高そ

無駄な言葉（冗長）がどれだけ含まれるかに注目してコミュニケーションを観察。コンテクストを共有している間柄ほど冗長率は低くなることがわかる。対話はある程度冗長を含む。

冗長率の高いコミュニケーション

あのですね
あのぉ
山田さんのお宅を知りませんか？
ちょっとよろしいですか
お忙しいところすみません……
えーと、ああ、それは
コミュニケーションに
冗長率が高い
必要な言葉
無駄な言葉

相手が他者だと認識していると、冗長率は高めになる。異なる背景を抱えていることを前提としているため、冗長な無駄な言葉で、意見や状況のすり合わせをはかろうとする。

うですが、じつは逆。日本語が省略しやすい言語だということもあり、よく知っている人との会話は冗長率が低くなります。究極は長年連れ添った夫婦の「めし」「風呂」「新聞」です。

伝えたいことを言葉で。世界標準の能力が必要

冗長率が高くなるのは対話です。異なる価値観を持つ人を相手に、どうにか意見をすり合わせようと、多くの言葉を費やすことになります。「おっしゃることはわかりますが、どうでしょう、ここのところは私の意見も……」といった具合に、意味伝達に必要ではない言葉が入ってくるのです。

上手なコミュニケーションのためには、状況に応じて冗長率を適切に操ることが大切になります。

日本語の運用能力③

論理的に簡潔に話すことが、トラブルを招くことも

状況に応じて冗長率をかえる

活発な前線の影響で、
関東では激しい雨が降っています。
明朝にかけて
1時間に70ミリの雨が
降るおそれがあり、
気象庁は土砂災害や
川の増水に警戒するよう
呼びかけています……

夜7時台の
ニュース番組

含まれる冗長率は?】

冗長率が低い

必要な言葉

無駄な言葉

夜7時台のニュースは短い時間で簡潔に論理的に要件を伝えるのが目的。冗長率は自然と低くなる。わかりやすいが、冷たくてかたい印象を与える。

無駄をなくすのがよいとはかぎらない

従来の日本の国語教育は、冗長率を低くすることばかりを教えてきました。無駄なことは言わず、論理的に話すことをよしとする教育です。書き言葉は、簡潔に論理的に書いたほうがよく伝わります。しかし、話し言葉、対話に関しては、無駄をなくすことがよいとはかぎりません。

ＮＨＫの夜7時台のニュースと9時台のニュースでは冗長率に違いがあります。7時台のニュース

たとえば同じ内容のニュースでも、伝える時間帯、目的によって読み方がかわる。この変化は冗長の含まれ方の変化でもある。適度な冗長率の話のほうが違和感なく聞きやすい。

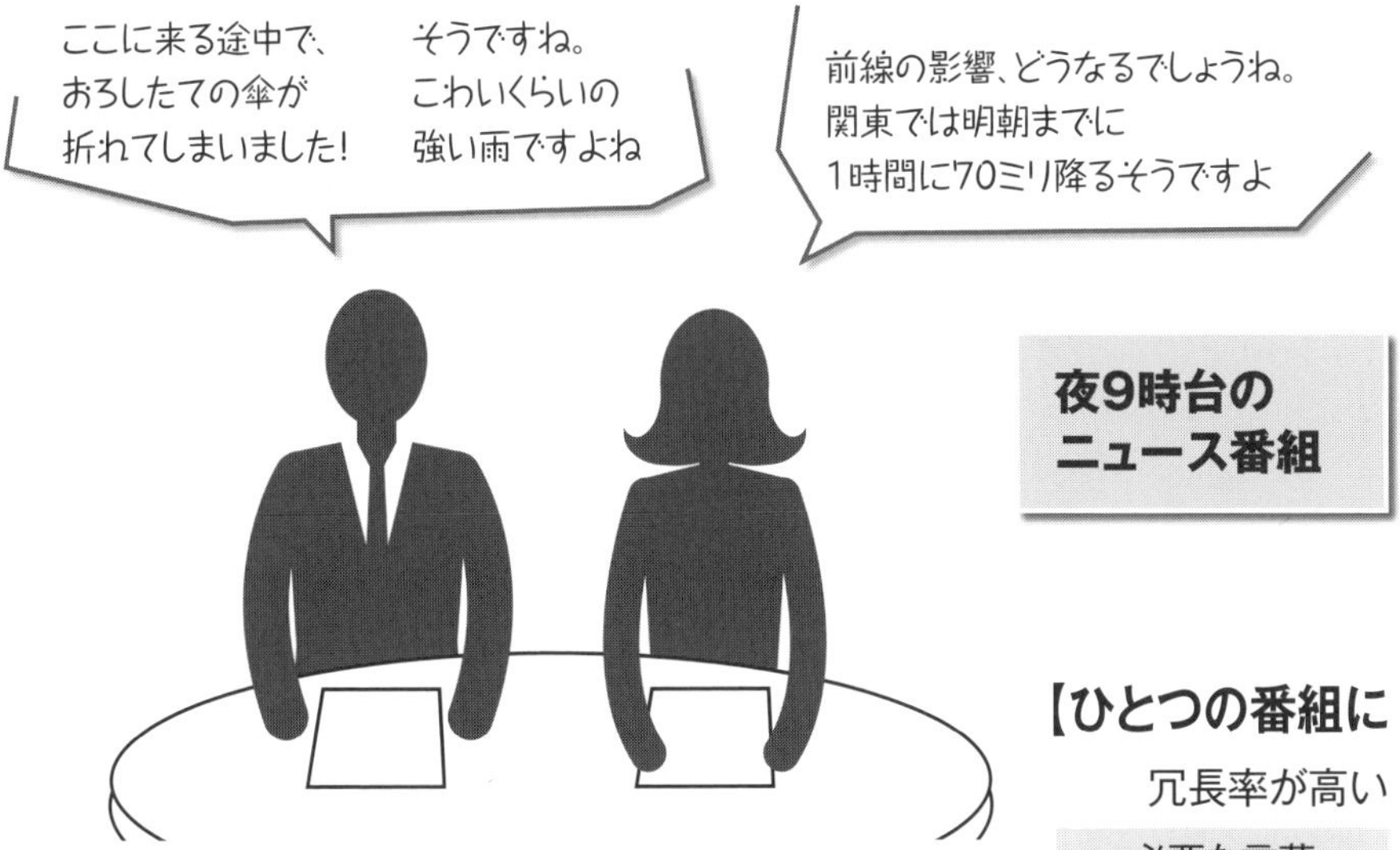
ここに来る途中で、
おろしたての傘が
折れてしまいました！
そうですね。
こわいくらいの
強い雨ですよね
前線の影響、どうなるでしょうね。
関東では明朝までに
1時間に70ミリ降るそうですよ

夜9時台のニュース番組

【ひとつの番組に

冗長率が高い
必要な言葉
無駄な言葉

夜9時台のニュースは、解説の時間も多く、要点以外に私見が述べられることも。冗長率が高い。そのぶん、視聴者にとっては聴き心地がよく、共感を覚え、印象に残りやすい。

は、短い時間でできるかぎりの情報を伝えるため、冗長率が低いのです。一方、9時台のニュースでは、「こんなことがあるんですね」といった言葉がはさまれ、キャスターの個性もあらわれています。

論理的な話し方だけど嫌な感じがしないのは？

ビジネスの場で、7時のニュースのような冗長率で話をするのは、効率がいいように思えます。

しかし論理的で正確でも、聞いている人がささくれ立つような話し方をしてはいけません。多くの場合、冗長率が低すぎるのです。

一方で、論理的でも、嫌な感じがしない人もいます。これは、状況に合わせて冗長率を適切に調整しているため。目指すのは冗長率をコントロールする話し方です。

日本語対話力を鍛える①

映画、演劇、ドラマ、小説で適切な冗長率を学ぶ

適切な冗長率で話をするというのは、じつはそう簡単なことではありません。考えてできるというものではなく、その場の状況や、伝えたい内容に応じて、反射的にコントロールする必要があるからです。いつも適切な冗長率で話ができるかどうかは、話し言葉における〝運動神経〟の問題だともいえます。

言語の能力の相当部分は、20歳くらいまでにでき上がってしまいます。さまざまな言葉に接することで、言語の能力は成長していきます。できることなら思春期くらいの時期に、たくさん小説を読んだり、映画や演劇やドラマを見たりすることが大切なのです。

その時期は受験勉強ばかりしていて、暇がなかったという人もいるでしょう。これからだっていいのです。小説、映画、演劇、ドラマなどの、さまざまな場面の言葉にふれることで、適切な冗長率を学ぶことができます。優れた作品の話し言葉は、適度な冗長率を持っているもの。思春期のように、しみ込むように吸収はできないかもしれませんが、言葉の運動神経を高めていくことはできるはずです。

人気のあるキャスターの話術から学ぶ

平田オリザの視点

ニュースキャスターでも人気がある人とない人がいるでしょう。人気のある人は、トピックに応じてすばやく的確に冗長率を変化させられる人です。同じように話すのは無理でも、彼らの話し方にどのくらいの冗長が含まれているか、意識するだけで、あなた自身の話し方もかわっていきます。

疑問を持って分析的に場面を見る

映画、演劇、ドラマ、小説など、さまざまな作品に描かれた場面を注意深く観察することが、適度な冗長率を学ぶきっかけとなる。漠然と作品にふれるのではなく、疑問を抱きながら、分析的に見たり聞いたり読んだりすることが大事。

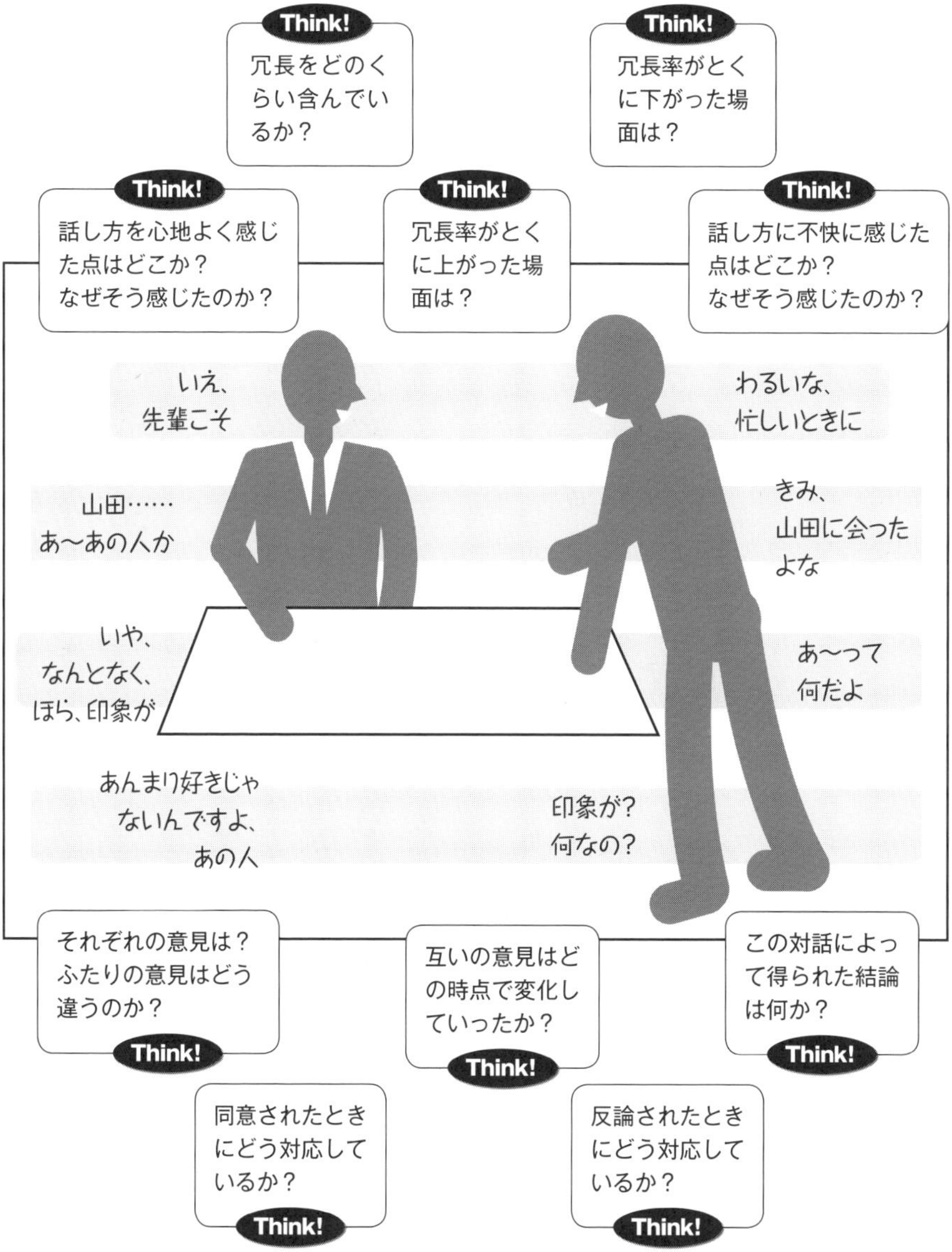
Think! 冗長をどのくらい含んでいるか？
Think! 冗長率がとくに下がった場面は？
Think! 話し方を心地よく感じた点はどこか？なぜそう感じたのか？
Think! 冗長率がとくに上がった場面は？
Think! 話し方に不快に感じた点はどこか？なぜそう感じたのか？
わるいな、忙しいときに
いえ、先輩こそ
きみ、山田に会ったよな
山田……あ～あの人か
あ～って何だよ
いや、なんとなく、ほら、印象が
印象が？何なの？
あんまり好きじゃないんですよ、あの人
それぞれの意見は？ふたりの意見はどう違うのか？ Think!
互いの意見はどの時点で変化していったか？ Think!
この対話によって得られた結論は何か？ Think!
同意されたときにどう対応しているか？ Think!
反論されたときにどう対応しているか？ Think!

日本語対話力を鍛える②

上下関係や経験を問わないグループ作業をする

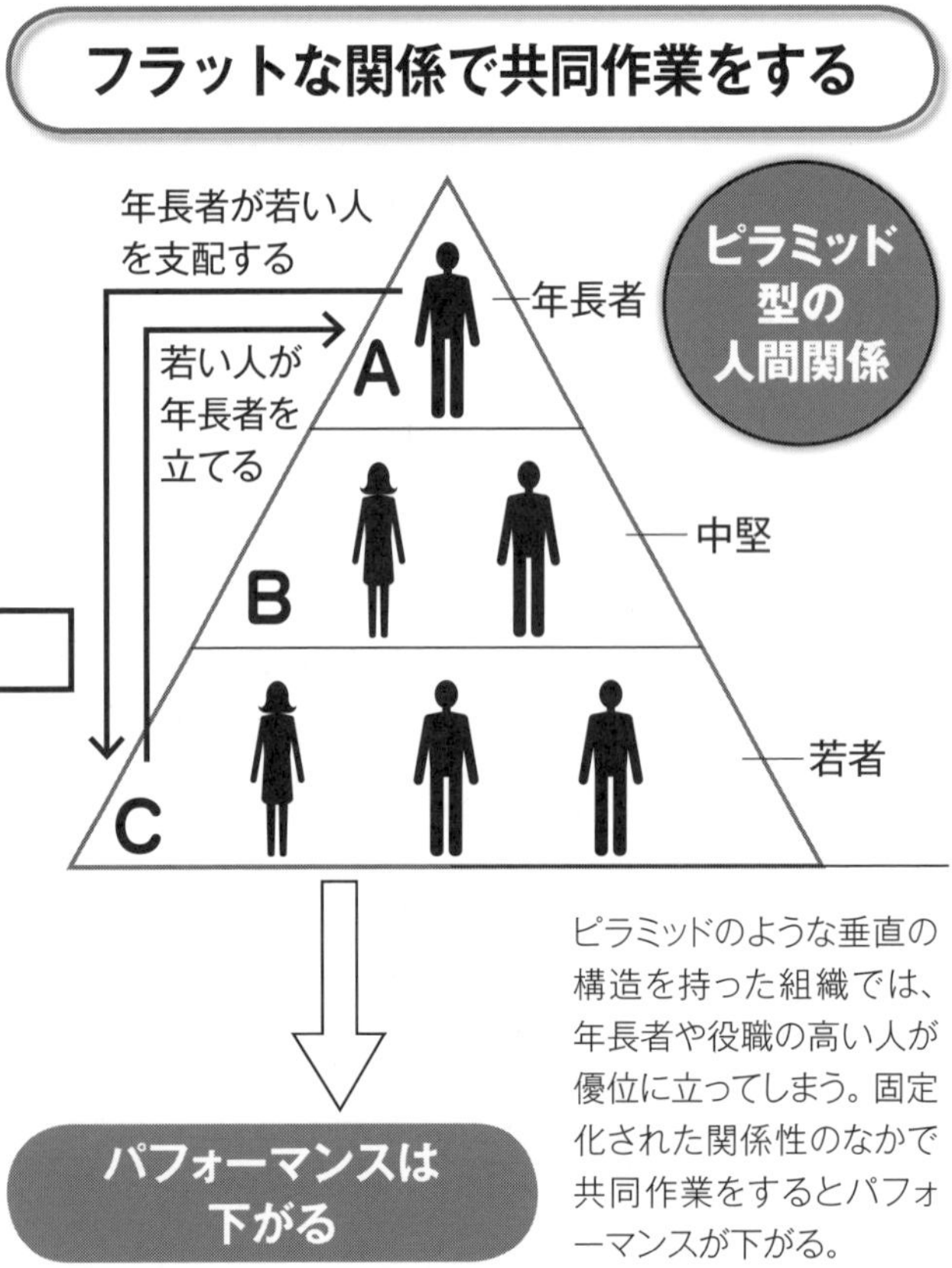
フラットな関係で共同作業をする
年長者が若い人を支配する
若い人が年長者を立てる
ピラミッド型の人間関係
年長者
中堅
若者
A
B
C
パフォーマンスは下がる

ピラミッドのような垂直の構造を持った組織では、年長者や役職の高い人が優位に立ってしまう。固定化された関係性のなかで共同作業をするとパフォーマンスが下がる。

バーベキューパーティで分業感覚が身につく

対話で大切なのは、話し合い、あるひとつの意見にたどり着くこと。チームで何かプロジェクトに取り組むときにも、対話は欠かせません。チームを動かすには、メンバーの意見をまとめ、コンセンサスを得る必要があるからです。

社内に新たなプロジェクトチームが組織された場合や、配置がえがおこなわれたようなとき、アメリカでは、新たなメンバーでよくバーベキューパーティが開かれま日本のチームは年長者が優位に立つピラミッド型が多い。この関係性は共同作業の成果が出にくい。新チームをつくるときには、フラットな関係をつくり、仕事とは別の共同作業を体験させる。チームワークがよくなり、仕事のパフォーマンスも上がる。

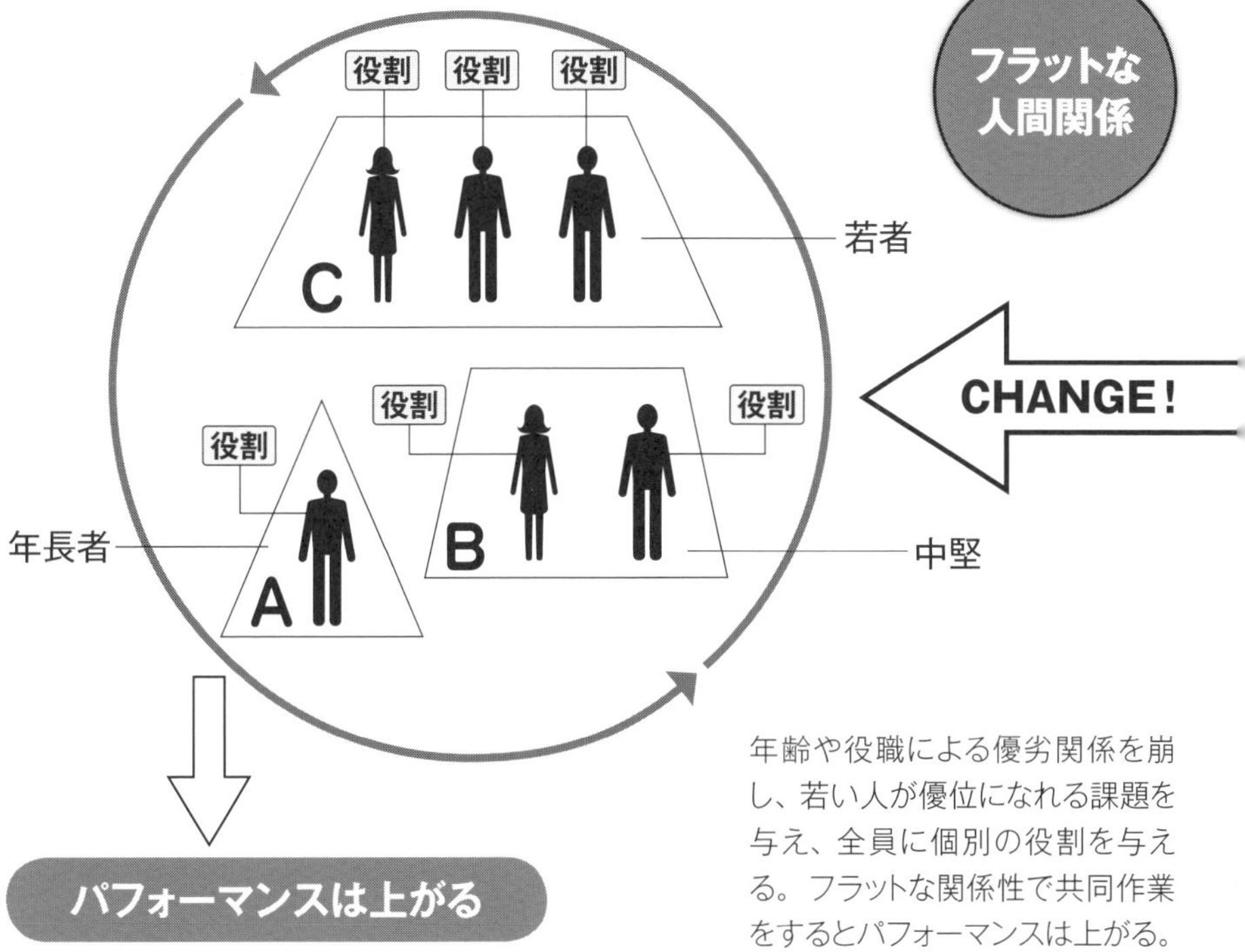
フラットな
人間関係
役割
役割
役割
C
若者
CHANGE！
役割
役割
役割
年長者
A
B
中堅
パフォーマンスは上がる

年齢や役職による優劣関係を崩し、若い人が優位になれる課題を与え、全員に個別の役割を与える。フラットな関係性で共同作業をするとパフォーマンスは上がる。

す。バーベキューでは、肉を切る人、焼く人、飲み物を準備する人など、分業で仕事を分担できます。これらの作業は、仕事のキャリアとは無関係。そのため、バーベキューパーティを通じて、新たなチームでの分業分担の感覚を身につけるのに役立つのです。

分業分担を経験するとチーム力が発揮できる

こうした分業分担を経験することは、メンバーの意見を集約し、チームとして力を発揮するのに役立ちます。ただのバーベキューパーティではなく、たとえば高齢者施設の人を招くバーベキューパーティにしてもいいでしょう。より難しい課題になりますが、チームとして分業分担で問題をクリアしていくトレーニングになります。

対話力を仕事に生かす①

意見をまとめる対話力が真のリーダーシップには必要

たとえば学校でクラスのみんなが意見を出し合い、何かを決めるようなとき、フィンランドの教育では、多くの意見をまとめ、みんなが納得できる結論を導き出した司会者がもっとも評価されます。これがリーダーの仕事だからです。

日本だと、何の意見も出していない人がほめられるのはずるい、という話になってしまいます。日本では、意見を出す人こそがリーダーであるとの誤解があるからです。司令官（決定者）と参謀（立案者）がごちゃ混ぜになってしまうのです。

参謀はリーダーではなくあくまでフォローアーで、計画を立案してコストやリスクを提示し、司令官の判断をあおぎます。そして、司令官が決断すれば、選ばれたのが他の人が出した計画でも、それに従います。

一方、リーダーである司令官は、自分が意見を出すのではなく、最良の計画を選び出し、集団を動かします。

ビジネスでも、リーダーに求められているのは、意見を出す能力ではなく、会議などで多くの意見をまとめ上げていく対話力です。

学力世界一のフィンランド教育の秘密

平田オリザの視点

世界的に学力の高さで注目を浴びているフィンランド教育。グローバルなコミュニケーション能力の育成を第一義としています。

たとえば集団で発表するとき、情報収集は各自の方法でOK。しかし発表は集団の意見をまとめ、アウトプットしなければならない。こんなところにも特徴があらわれています。

ファシリテーターこそリーダーの仕事

リーダーには、複数の異なる意見を調整し、まとめ上げる力が求められる。 いわばファシリテーター役。 たとえ自分に意見があっても、他者に意見を出させるようにする。

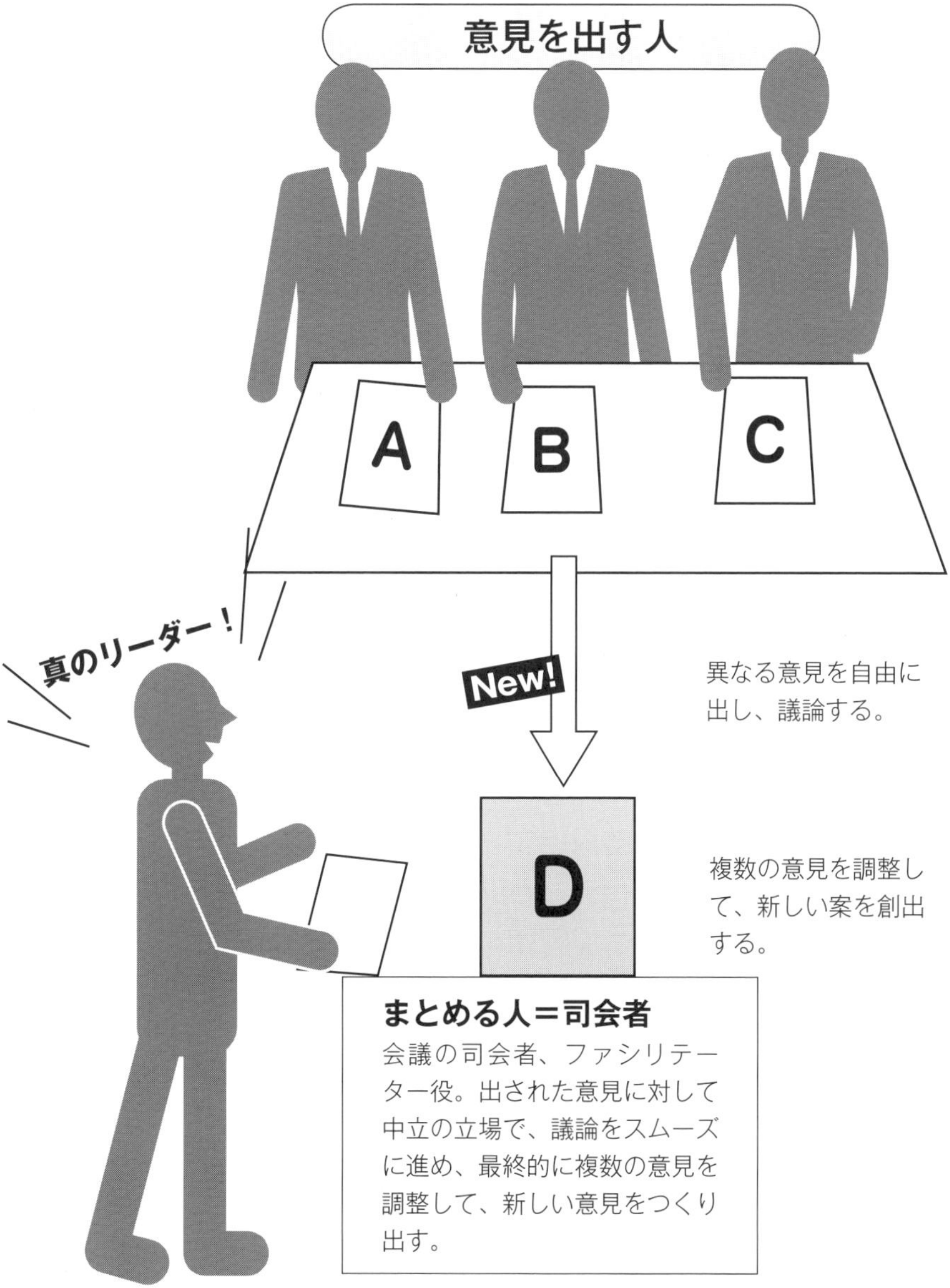
意見を出す人
A
B
C
真のリーダー！
New!
D
異なる意見を自由に出し、議論する。
複数の意見を調整して、新しい案を創出する。
まとめる人＝司会者
会議の司会者、ファシリテーター役。出された意見に対して中立の立場で、議論をスムーズに進め、最終的に複数の意見を調整して、新しい意見をつくり出す。

対話力を仕事に生かす②

論理性の低い人の言いたいことをきちんと汲み取る

言語化されない部下の思いを汲み取る

上司
言いたいことは何だろう?
なぜそれを訴えようとしているのだろう?

部下の発言だけ見るのではなく、部下のコンテクストまで考えて、本当に言いたいことを汲み取るようにする。

リーダーシップに欠かせない言語的弱者を理解する能力

ビジネスの世界では論理的に話せることは重要。日本のリーダーシップ教育では、論理的、簡潔に話すことが教えられてきました。

しかし、リーダーに求められる資質はそれだけではありません。同じくらい重要なのが、論理的に話せない人が言おうとしていることを汲み取る能力です。

異文化理解のための教育では、言語的弱者のコンテクストを理解する能力が重視されています。とリーダーとして上に立つ者は、非論理的で簡潔に話せない部下の言いたいことを汲み取らなければならない。部下の性格や価値観、ライフスタイルなどのコンテクストを理解し、おもんぱかることが大事。部下が意見を言いやすい環境をつくっていくことも重要。

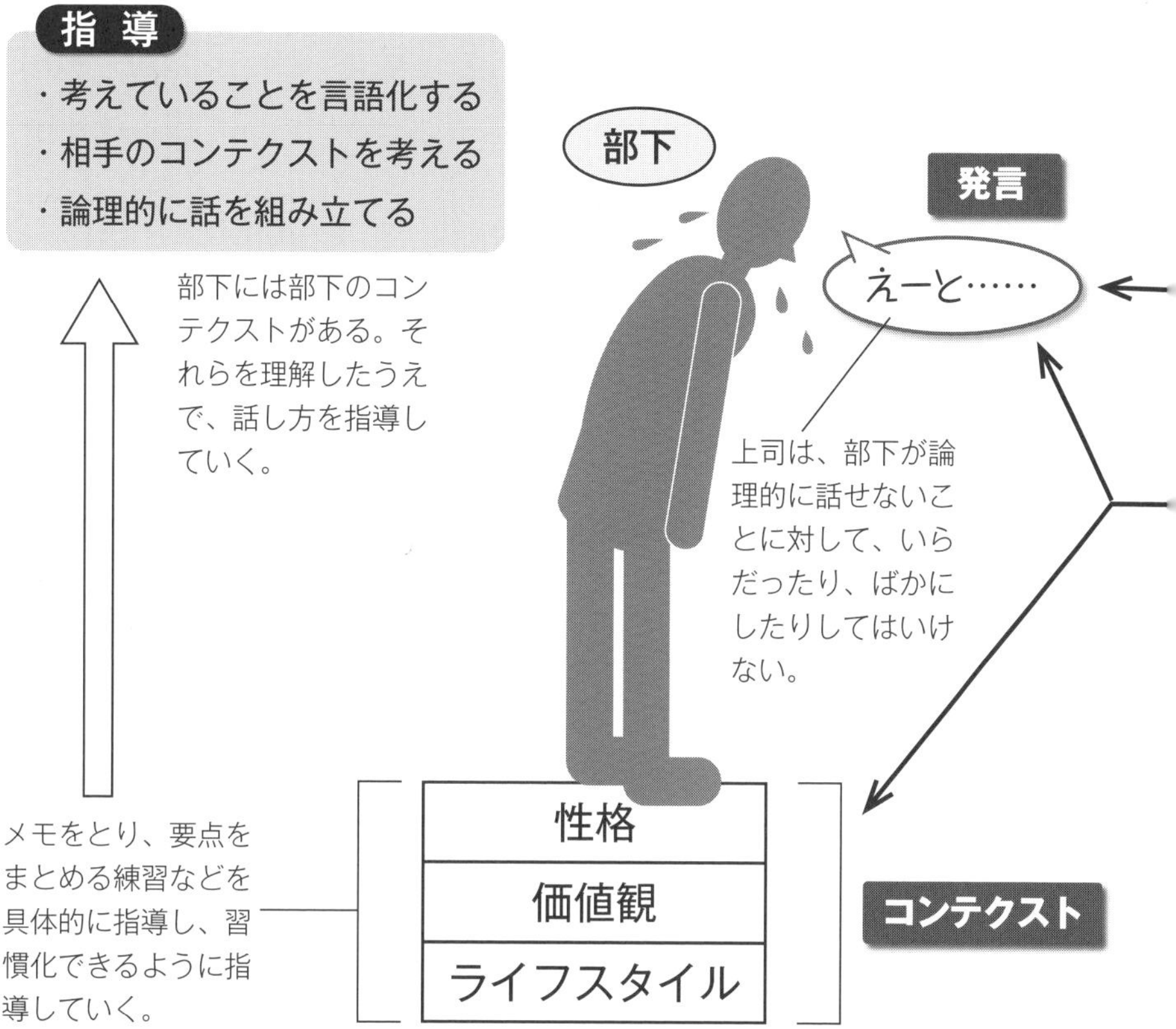

指導
・考えていることを言語化する
・相手のコンテクストを考える
・論理的に話を組み立てる
部下には部下のコンテクストがある。それらを理解したうえで、話し方を指導していく。
部下
発言
えーと……
上司は、部下が論理的に話せないことに対して、いらだったり、ばかにしたりしてはいけない。
性格
価値観
ライフスタイル
コンテクスト
メモをとり、要点をまとめる練習などを具体的に指導し、習慣化できるように指導していく。

ころがこのような教育は日本ではほとんどおこなわれていません。

上司、部下、双方の歩み寄りが組織の力になる

もちろん、部下たちには、論理的に話したり、自分の伝えたいことを言語化したりする能力が要求されています。そのために個人がスキルアップしていくことは大切です。

しかし、組織全体のことを考えれば、それだけでなくリーダーである上司が、部下が何を言おうとしているのか、理解する能力も高めていくべきなのです。

双方から理解しようと歩み寄ることで、組織内の言語コミュニケーションは格段によくなります。とくにビジネスにおいては、それが大きな力になります。

対話力を仕事に生かす③

初対面の相手とは共有部分を見つけ、無駄を適度に含ませる

初対面の人やあまり親しくない人と、話をしなければならないことがあります。営業は見知らぬ人と会って名刺を交換するのが仕事のようなものですし、それ以外の部署でも、よく知らない人と話をしなければならないことはあります。ビジネスパーソンとして、これが苦手とは言っていられません。

シンパシー（同感）とエンパシー（共感）という言葉があります。日本では昔からシンパシー型の教育がおこなわれてきました。「相手の身になって考える」という教育です。しかし、よほど親しい人ならともかく、初対面の人に自分を同一化させるというのは、無理があります。

フィンランドでおこなわれているのは、エンパシー型の教育です。他者を完全に理解することなどできないという前提で、他者の立場に置かれた自分を想像してみます。そうやって、相手と自分が共有できる部分を見つけ出すことで、初対面であっても対話を成立させていくのです。

共有する部分をすばやく見つける能力が、そのままコミュニケーション能力といってもいいでしょう。

いじめに見るエンパシー教育の有効性

平田オリザの視点

たとえば学校でいじめが起きたとき、いじめた側に「いじめられた子の気持ちを想像しろ」と指導しても意味がありません。

でも、いじめた側にも人から何かされて嫌だった経験があるはず。まずその経験を思い出させ、いじめた側といじめられた側の共有部分を見つけることから指導すべきです。

初対面のシーンでは共通の話題から入る

初対面の人と話すときには、相手の様子をよく見て、コンテクストがわかる材料を集める。そのうえで共通の話題を探す。無駄な言葉をはさみ、適度に冗長率を上げることで、会話が弾む。

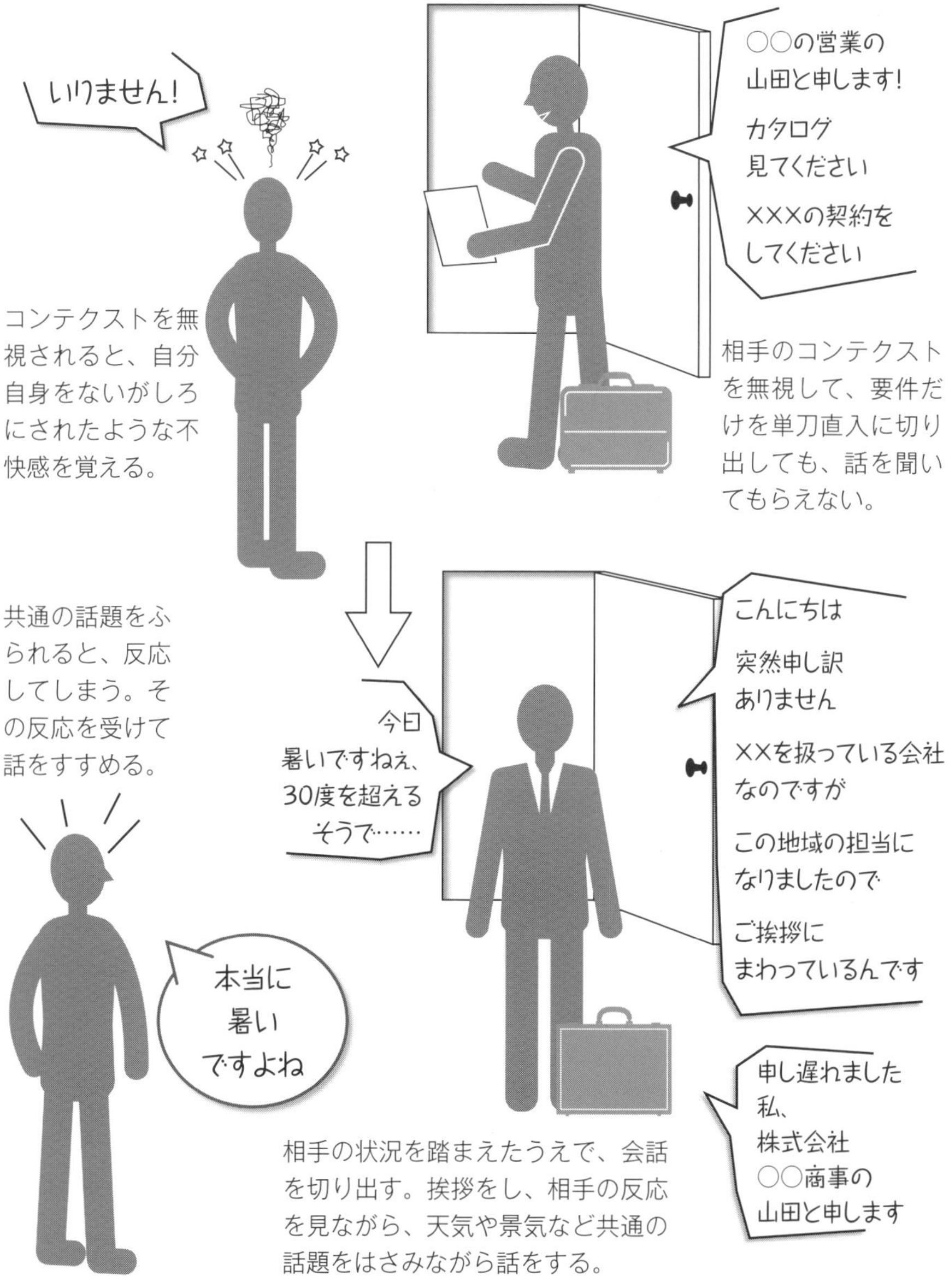
いりません!
○○の営業の
山田と申します!
カタログ
見てください
×××の契約を
してください
コンテクストを無視されると、自分自身をないがしろにされたような不快感を覚える。
相手のコンテクストを無視して、要件だけを単刀直入に切り出しても、話を聞いてもらえない。
共通の話題をふられると、反応してしまう。その反応を受けて話をすすめる。
今日
暑いですねぇ、
30度を超える
そうで……
こんにちは
突然申し訳
ありません
××を扱っている会社
なのですが
この地域の担当に
なりましたので
ご挨拶に
まわっているんです
本当に
暑い
ですよね
申し遅れました
私、
株式会社
○○商事の
山田と申します
相手の状況を踏まえたうえで、会話を切り出す。挨拶をし、相手の反応を見ながら、天気や景気など共通の話題をはさみながら話をする。

対話力を仕事に生かす④

「キレない」「あきらめない」訓練で日本語対話の基礎体力を養う

日本のシンパシー型教育は、思わぬところに弊害をもたらします。エンパシー型教育では、人はわかり合えないことを前提として、少しでも理解できる部分を見つけることに力を注ぎます。

ところが、シンパシー型教育では、心からわかり合える関係を目指そうと教えます。海外などでは、これではなかなかうまくいきません。異なる価値観、異なる文化的背景を持つ人たちと接する場合には、心からわかり合うことなど、できなくて当然なのです。

心からわかり合うべきだと教育された人たちは、わかり合えないと思った瞬間、「どうせわかんないんだろ、おれのことなんか!」とキレるか、「もういいよ、わかってもらえないなら」とあきらめるか、どちらかの行動に出てしまいます。

わかり合えないことを前提にしている人たちは、粘り強く対話をつづけます。少しずつ相手との共有部分を見つけ、双方が納得できる意見にたどり着ける可能性が高まります。日本のビジネスパーソンには、粘り強く対話をつづける対話の基礎体力が求められています。

ラブレターからエンパシーを学ぶ

平田オリザの視点

対話とは、ラブレターを書くようなもの。相手が自分のことを全部わかってくれるなら、ラブレターなど書きません。自分はこれだけ好きなのに、なぜわかってくれないんだ、と思うから、創意工夫する。

これはまさにエンパシー型の考え方。対話において大事なポイントです。

意見の対立をどう受け止めるか

エンパシー型の教育では、意見の対立は当たり前。新たな意見を創造することができる。グローバル化する社会で、多様性を認め合うエンパシー型の考えが必要なのだ。

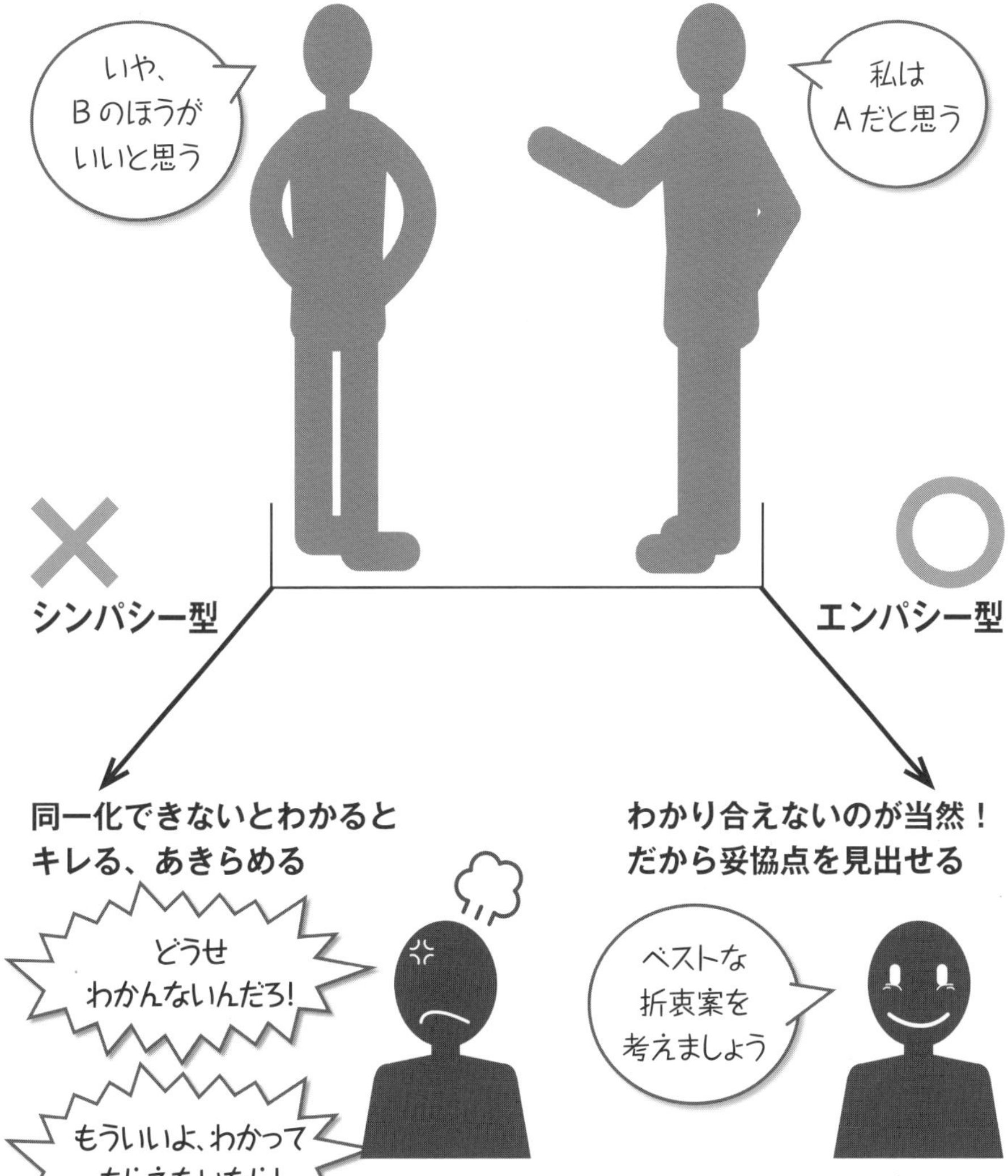
いや、
Bのほうが
いいと思う
私は
Aだと思う
シンパシー型
エンパシー型
同一化できないとわかるとキレる、あきらめる
わかり合えないのが当然！だから妥協点を見出せる
どうせ
わかんないんだろ！
もういいよ、わかって
もらえないなら！
ベストな
折衷案を
考えましょう

0か100しかないので、意見が一致しないと投げやりになる。

お互いのコンテクストが異なるのが前提になっている。コンテクストを理解して、納得し合える新しい意見をつくろうと努力できる。

上手なつかい方

敬語なんて堅苦しくて、自分らしくない言葉だと感じるかもしれません。では、あなたは結婚式に呼ばれたとき、どんな服を着ますか?　式の会場にふさわしいフォーマルなスーツやドレスを選ぶはず。ふさわしい服をまとうことで、あなたはその場にとけ込み、集まった人々と有益な時間を送ることができるのです。敬語をつかうのも同じ。パブリックな場所に出るときに、スーツをまとうように、TPOに合わせて敬語をつかってみましょう。敬語がさまざまなシーンであなたを守ってくれます。

4時間目 我が身を守る

敬語の

敬語を上手につかうことが
人間関係のトラブルを防ぐ助けになります。
敬語は我が身を守る武装の役割も
果たしているのです！

坂東眞理子
ばんどう・まりこ

1946年富山県生まれ。昭和女子大学学長。同大学女性文化研究所所長。

東京大学卒業後、1969年に総理府入省。内閣広報室参事官、男女共同参画室長、埼玉県副知事を経て、1998年オーストラリア・ブリスベン総領事となる。2001年内閣府初代男女共同参画局長となる。退官後、2004年昭和女子大学教授に。昭和女子大学副学長を経て、2007年より現職。

『女性の品格』『親の品格』『美しい日本語のすすめ』『日本人の美質』など著書多数。

敬語は上級コミュニケーション。「上」「下」と「内」「外」の距離をあらわす

敬語をつかって人を尊重する気持ちを表現

敬語はなぜ必要だと思いますか？「言葉なんて言いたいことが伝わればそれでいい」というのであれば、敬語は必要ありません。

しかし、言葉は単に内容を伝達するためだけに、つかわれているわけではありません。社会生活を営む私たちが、人間関係に関する自らの気持ちを表現するという、重要な役割も担っているのです。

相手や周囲の人を尊重する気持ちを表現するとき、私たちは敬語をつかいます。敬語は、社会生活における円滑なコミュニケーションに、欠かせない道具なのです。

「上」と「下」だけでなく「内」と「外」が大きな特徴

敬語を上手につかうためには、敬語にふたつの側面があることを理解しておく必要があります。

ひとつは「上」と「下」の関係によって生じる敬語です。

たとえば、会社などの組織のなかで、地位が上の人に対して、地位が下の人は、尊敬の気持ちをあらわす敬語をつかいます。もっとも基本的な敬語といえます。

もうひとつは、「内」と「外」の関係から生じる敬語です。

外の人を立て、内の人のことはへりくだることで敬意をあらわします。これは日本語の敬語の大きな特徴でもあります。

平社員の「私」が上司の部長と話をするのであれば、上下の関係を意識する必要があります。「部長の言った通りでした」ではなく、「部長のおっしゃった通りでした」と表現することで、尊敬の気持ちをあらわすことができます。

ただ、社外の人と話す場合に

敬語が相手との適度な距離をつくる

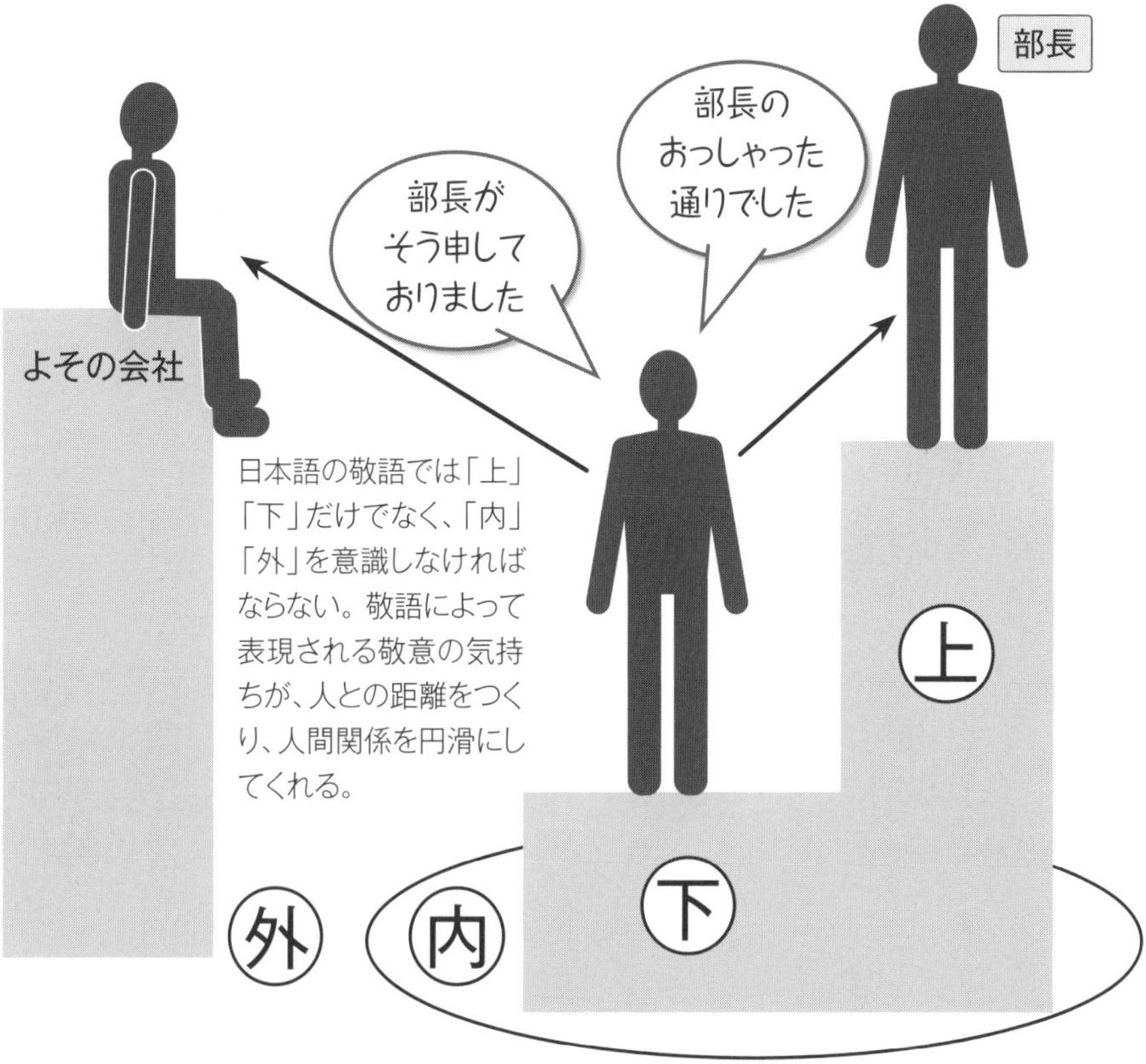
部長
部長のおっしゃった通りでした
部長がそう申しておりました
よその会社
上
下
外
内

日本語の敬語では「上」「下」だけでなく、「内」「外」を意識しなければならない。敬語によって表現される敬意の気持ちが、人との距離をつくり、人間関係を円滑にしてくれる。

は、「部長がそうおっしゃっていました」ではいけません。内と外を意識して、「部長がそう申しておりました」というのが正しいのです。

相手との関係や距離を適切に保てる

敬語を上手につかうと、相手との関係や距離を適切に保つことができます。社会生活を営んでいくうえで都合がよい道具ですが、つかい方は複雑。上級のコミュニケーション能力が求められます。ビジネスの場で人と話すことを考えれば、敬語をつかう技術は、ビジネスパーソンに不可欠です。

また、敬語によってつくられる距離が人間関係のトラブルを防ぎ、解決への助けにもなることも。敬語は、我が身を守る武装の役割も果たしてくれるのです。

敬語
とは

社会生活における武装。敬語はあなたを守る

社会生活におけるトラブルを回避するのに、敬語は役に立ちます。その場にふさわしい敬語をつかえると、ありのままの自分をさらけ出さなくてすむからです。私たちの心にはさまざまな感情が生じます。それをあからさまに出すと、社会生活に支障をきたします。自分を守るためにも、適切な敬語で武装する必要があるのです。

どんな敬語をつかえばいいのか？　自分が着る衣服のことを考えてみるとわかりやすくなります。敬語とはきちんとした洋服のようなもの。友だちと会うならTシャツにジーパンでいいのですが、ビジネスの場ではスーツが必要です。同じように友だち相手ならくだけた言葉でいいのですが、ビジネスの場では敬語が必要になります。

どのレベルの敬語をつかうかも問題です。第一礼装が必要なフォーマルな場なのか、ダークスーツならじゅうぶんなのかを見きわめなければなりません。失敗しないためには、20～30代のうちは、ワンランクドレスアップを心がけるとよいでしょう。ちょっとかしこまりすぎたかな、というくらいのほうが好感を持たれます。

若い人ほど敬語でフル装備

年をとり、酸いも甘いもかみ分けられる人は自分なりの“着こなし＝言葉”を楽しめばいいでしょう。失礼ではない“装い＝言葉づかい”の判断もつくはずです。

でも若いうちは何が失礼にあたるのかを理解できません。フル装備で敬語をつかうほうが安全です。

“ドレスアップ”した言葉＝敬語がビジネスには必須

ビジネスの場でくだけた言葉をつかうと？

ビジネスの場での会話にカジュアルな言葉をつかうと、フォーマルな場にTシャツで訪れるような違和感が生まれる。

ひとりだけ
カジュアルな格好は
浮いてしまう！
どうも
ご無沙汰して
おります
お元気
ですか？

フォーマルな場にはフォーマルな格好で。言葉も同じ。ビジネスの場ではきちんとした敬語をつかう。

その場にふさわしい敬語をつかう

好感度アップ
すてきな
お召し物
ですね
お似合い
ですわ！

敬語の
心構え①

過剰敬語はフリルの服。TPOに合った衣装を選ぶ

TPOに合わせて敬語をつかい分ける

服装はTPOを考えて、時間（Time）、場所（Place）、機会（Occasion）にふさわしいものを選ぶことが大切です。

これは敬語にもそのまま当てはまります。ひとくちに敬語といっても、じつはさまざまな敬語が存在します。

どんなときに、どんな場所で、どんな人と話すのかによって、適切に敬語をつかい分ける必要があるのです。

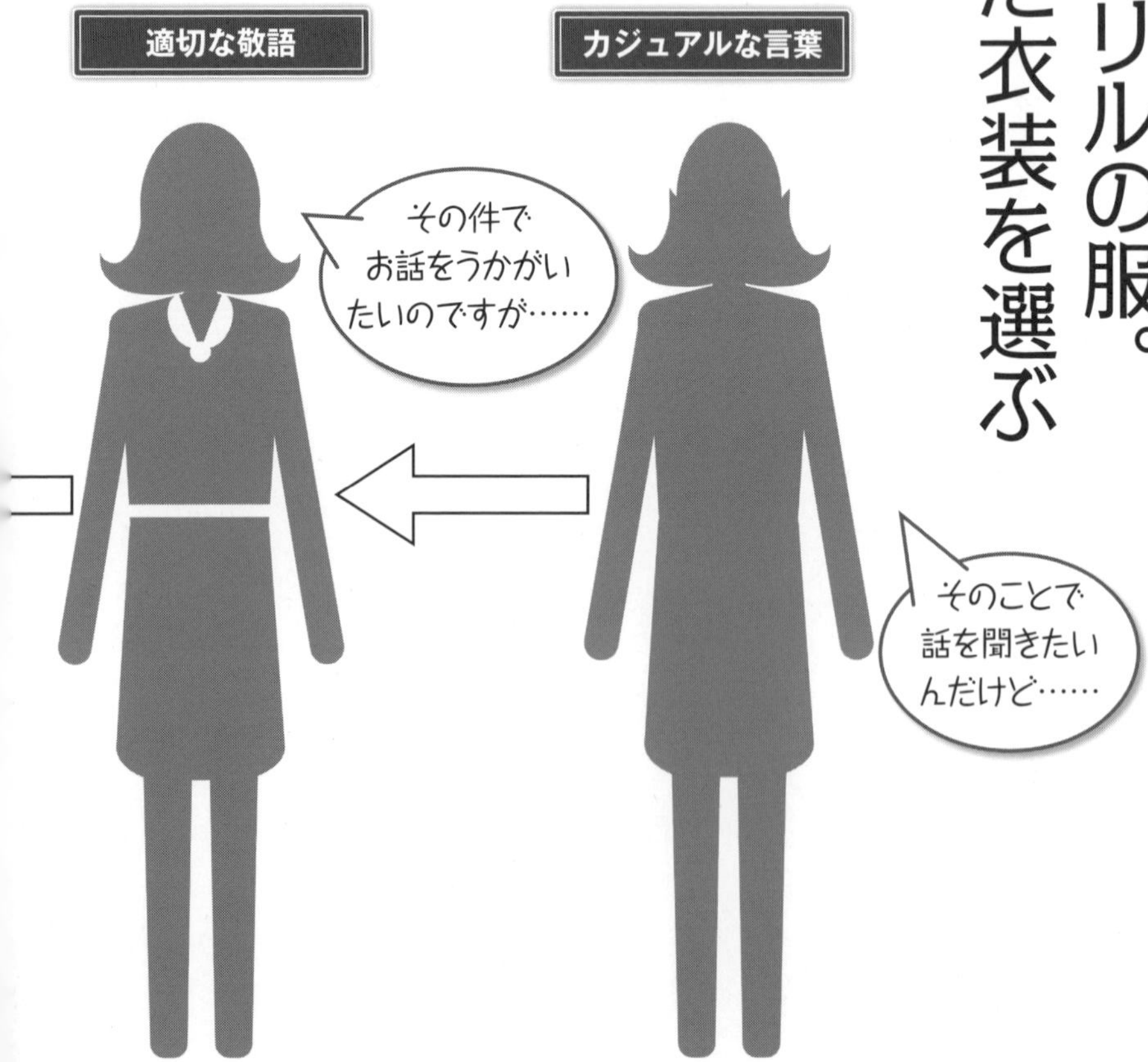
カジュアルな言葉
そのことで話を聞きたいんだけど……
適切な敬語
その件でお話をうかがいたいのですが……

ドレスアップは必要。でもアップしすぎは注意！

　適切な敬語を選択してつかうことができないと、ＴＰＯを無視した服装のように、違和感が生じてしまいます。もっとも困るのは、当然敬語をつかう場面で、敬語をつかわなかったケースです。みんなきちんとした服装でいる席に、ふだん着で行ってしまったときの居心地のわるさを想像すれば、適切な敬語をつかうことの大切さを理解できるでしょう(Ｐ107)。

　若いうちはワンランクドレスアップした敬語がおすすめですが、気をつけたいのは過剰な敬語。何でも美化語の「お」をつけたり、「おうかがいいたします」「お帰りになられました」のように二重敬語にしたりするのは、過剰です。

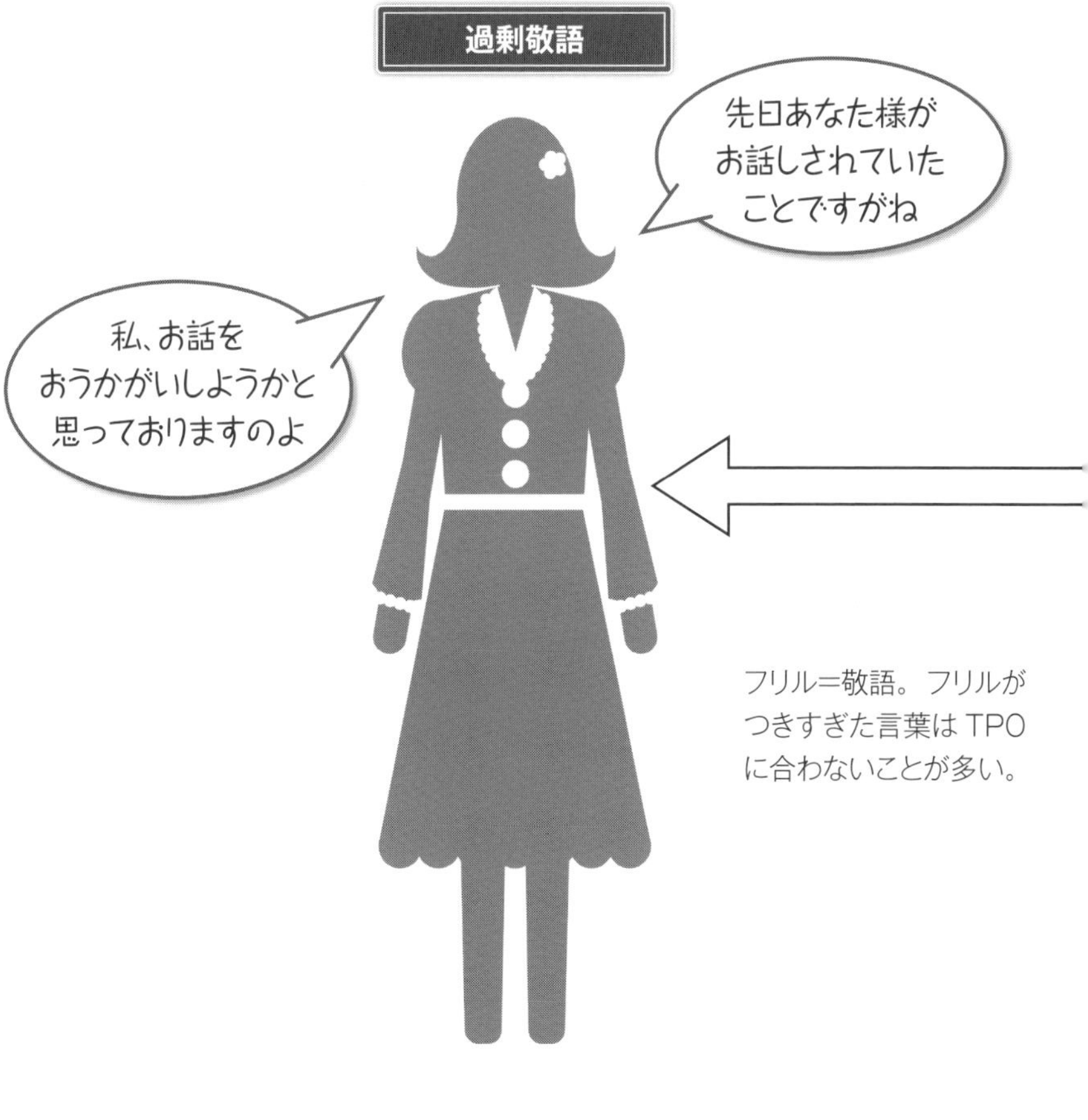
過剰敬語
先日あなた様がお話しされていたことですがね
私、お話をおうかがいしようかと思っておりますのよ
フリル＝敬語。フリルがつきすぎた言葉はTPOに合わないことが多い。

敬語の
心構え②

敬意にこだわらない。まず、俳優のように役を演じる

敬語を「自分の心からの敬意をあらわす言葉である」と考えてしまうと、敬語をつかうのが難しくなることがあります。なぜなら、自分がその人を尊敬しているかどうかにかかわらず、敬語をつかわなければならない場面はいくらでもあるからです。

たとえば会社という組織のなかでは、会社内におけるさまざまな役を、ひとりひとりがきちんと演じなければいけません。

素の自分を出すことよりも、舞台で俳優が役を演じるように、与えられている自分の役を演じることが求められます。それによってお互いの立場を認め合うことができ、円滑なコミュニケーションが可能になるからです。

俳優が台詞を覚えるように、基本的な敬語の表現を丸暗記し、実際につかってみるとよいでしょう。

型から入るのは、敬語を上手につかえるようになる近道でもあります。何度も繰り返し、型通りの敬語をマスターしてから、自分らしいニュアンスをつけ加えていけばいいのです。

定型を覚えてはじめて個性が出る

坂東眞理子の視点

個性は大事。でも仕事は別。自己流にこだわる前にすべきことをするのが第一です。

敬語も、定型の敬語をつかえるようになることが第一。できるようになると、それでは物足りなくて、定型からはみ出すようになります。それが個性。正当な道筋をたどらなければ、個性にはたどり着けません。

自分らしさは経験を積むと自然に出せる

敬語の初心者ははじめから「心のこもった敬語」や「自分らしい敬語」を追い求めてはいけない。役者のように型通りに役を演じることからスタート。

お手間をかけて申し訳ありません。社長にこの書類をおわたしいただけますか？
生きるべきか死ぬべきかそれが問題だ
ビジネスパーソン
役者
役者は台詞を記憶し、稽古を繰り返すことで、役を自分のものにしていく。
どうも○○さん、お久しぶりです！今回はお手間をかけて申し訳ありません！社長にこの書類をおわたしいただけますか？
生きるべきか――
死ぬべきか……
それが……
問題だ
敬語を繰り返しつかっているとスムーズに話せるように。心に余裕が生まれ、気持ちを込めて自分らしい話し方ができるようになる。

敬語
学習法①

英会話と同じ。語彙を増やし、会話する機会を増やす

敬語の新しい5分類（「敬語の指針」文科省より作成）

謙譲語1	尊敬語
自分側から相手側や第三者に向かう行為・物事などについて、相手側・第三者を立てて述べるときつかう。例:うかがう、申し上げる／物事＝ご説明……など	相手側や第三者を高く位置づけて（立てて）述べるときにつかう。 例:行為＝いらっしゃる、おっしゃる、ご出席／物事＝お名前、ご住所／状況＝お忙しい……など
・対象＝相手側・第三者	・対象＝相手側・第三者

お届けする
／お手紙
自分の行為、物事に対してつかう。

いらっしゃる
／お名前
／ご立派
対象の行為、物事、状況に対してつかう。

本を読むのは大切だが すぐつかえるわけではない

どんな相手に対しても、どんな場面においても、状況に応じた適切な敬語をつかえるようになりたいもの。しかし、臨機応変に敬語をつかうのは簡単なことではありません。

本を読んで敬語を勉強するのは、無駄ではありませんが、それだけで敬語をつかえるようになるとは考えないでください。英文法の本を読むだけでは、英語を話せるようにならないのと同じです。

かつては敬語とは、尊敬語、謙譲語、丁寧語の3種類だったが、2007年から、より敬語をつかう対象を意識した下記のような分類に改められた。

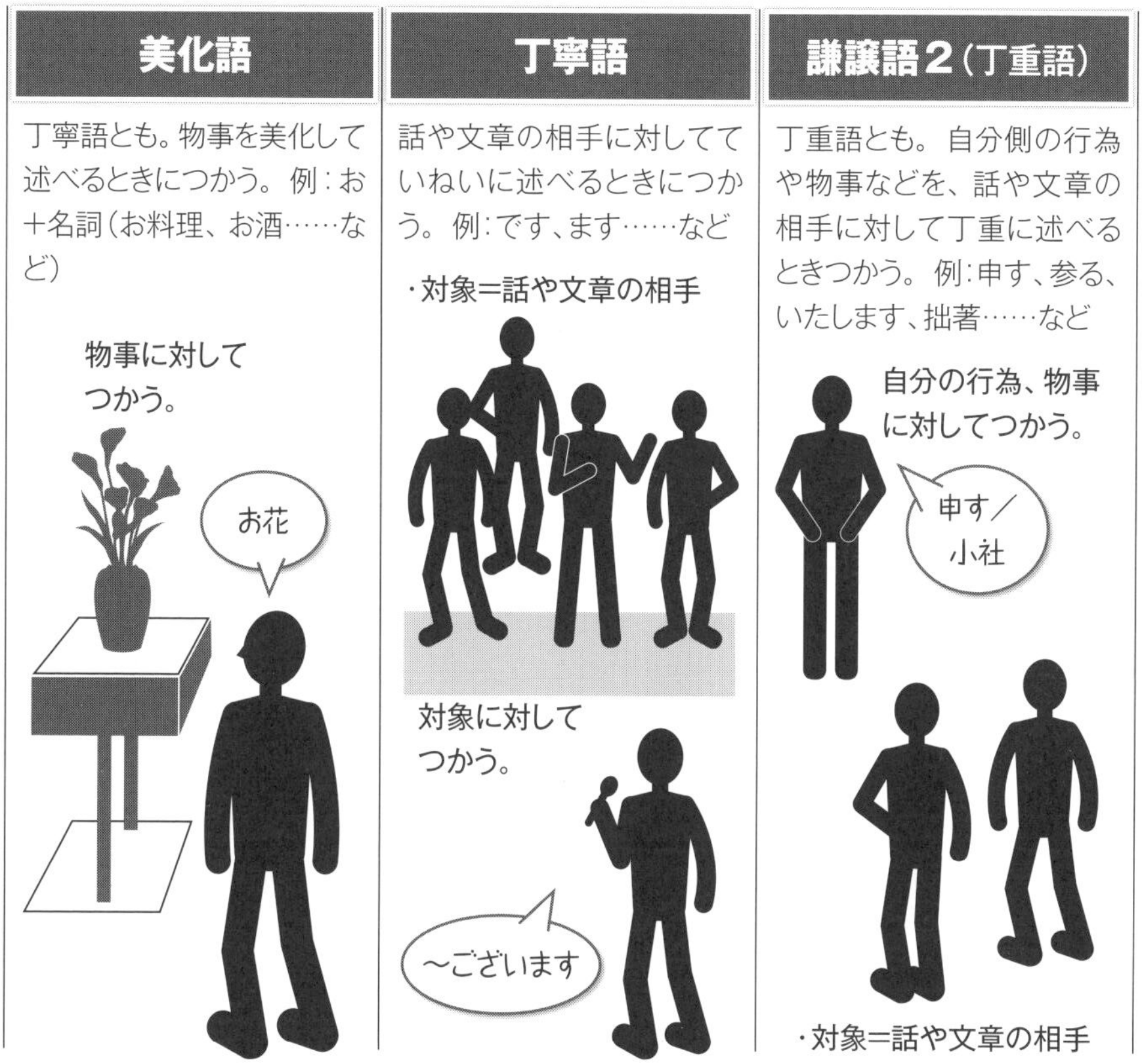
美化語
丁寧語とも。物事を美化して述べるときにつかう。例：お＋名詞（お料理、お酒……など）
物事に対してつかう。
お花
丁寧語
話や文章の相手に対してていねいに述べるときにつかう。例：です、ます……など
・対象＝話や文章の相手
対象に対してつかう。
〜ございます
謙譲語２（丁重語）
丁重語とも。自分側の行為や物事などを、話や文章の相手に対して丁重に述べるときつかう。例：申す、参る、いたします、拙著……など
自分の行為、物事に対してつかう。
申す／小社
・対象＝話や文章の相手

状況に応じた言いまわしを覚えて、実際につかってみる

英会話では、シチュエーションごとに、どう言えばいいのかを覚えてしまうのが、しゃべれるようになる近道です。それを繰り返しつかうことで、英語の会話文の構造もわかってきます。

敬語の学習も、同じように進めるのが効果的です。さまざまな状況に応じた言いまわしを覚え、実際につかってみます。そして、それを繰り返すのです。

頭を整理するためには、文法書で勉強するのもいいのですが、もっと大切なのは、つかってみること。英会話と同じで、とにかくつかってみて、その経験を増やしていくことが、敬語をマスターするための大切な勉強です。

敬語
学習法②

いつもと違う場所に身を置き、場の会話を見聞きする

敬語をつかう経験を増やすには、いろいろな人と接することが必要になります。ただ、気の置けない友人や知人とばかり話をしていたのでは、敬語をつかう機会を増やすことはできません。

最近は、自分の気に入っている人や、わかり合える人とばかりいっしょにいる人が増えているように思えます。そういう相手との会話は、気楽で安心していられますが、つかわれる語彙はかぎられ、敬語を身につけるのには役に立ちません。

敬語をつかわなければならない相手がいる場は緊張が求められます。しかし、異なる年代の人、異なる地位の人、自分とは違う価値観を持つ人たちとコミュニケーションをとることで、敬語をつかう経験を増やしていくことができます。確実に敬語能力を向上させます。敬語をつかう機会をつくり、コミュニケーションをおもしろがることが大切です。

若いビジネスパーソンなら、上司のカバン持ちとして商談やプレゼンテーションの場に参加するのも勉強になります。見聞きするだけでも、現場で生きた敬語表現を吸収できます。

役を盗むように学ぶのがいちばん

坂東眞理子の視点

若いうちは、カバン持ちで上司の商談についていくというのが最高の勉強。商談は上司の仕事だからと、他人事のように眺めているのはもったいないことです。将来同じ役割を担うのですから、「こういう言い方、振る舞いをするのか」と、役者が先輩の演技を盗むように、見て聞いて敬語を学びましょう。

構図を思い描きながら生きた敬語を学ぶ

会話中の敬語は、主語の入れかわりなどもあるため、尊敬語と謙譲語が複雑に入り交じる。いま、誰を立てているのかを意識して、人間関係の構図を思い描きながら、会話を聞く。

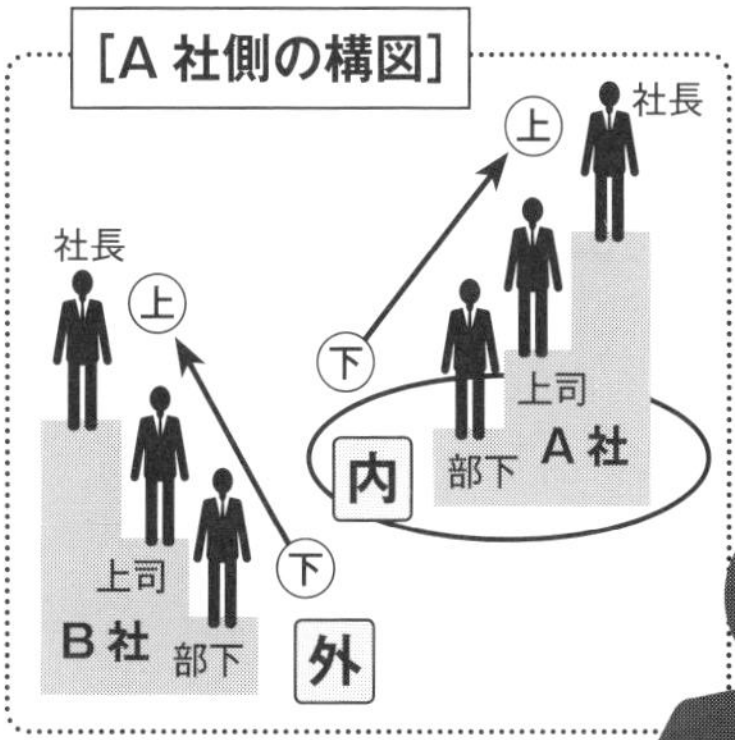
[A 社側の構図]
社長
上
下
上司
B 社
部下
外
社長
上
下
上司
部下
A 社
内

Check 「内」と「外」は？

「内」と「外」の関係を意識して、きちんと敬語がつかわれているか。

A 社
自分
上司
弊社の社長が申しているのは……
御社の社長のおっしゃっていることは〜
先ほどお話しいただいた件、再度、ご説明を……
B 社の部長
B 社の部下
B 社

Check 「上」と「下」は？

「上」「下」の関係を意識して、きちんと敬語がつかわれているか。

Check 一文中の敬語は正確？

ひとつの文のなかで、主語が入れかわっても間違えずに敬語がつかわれているかどうか。

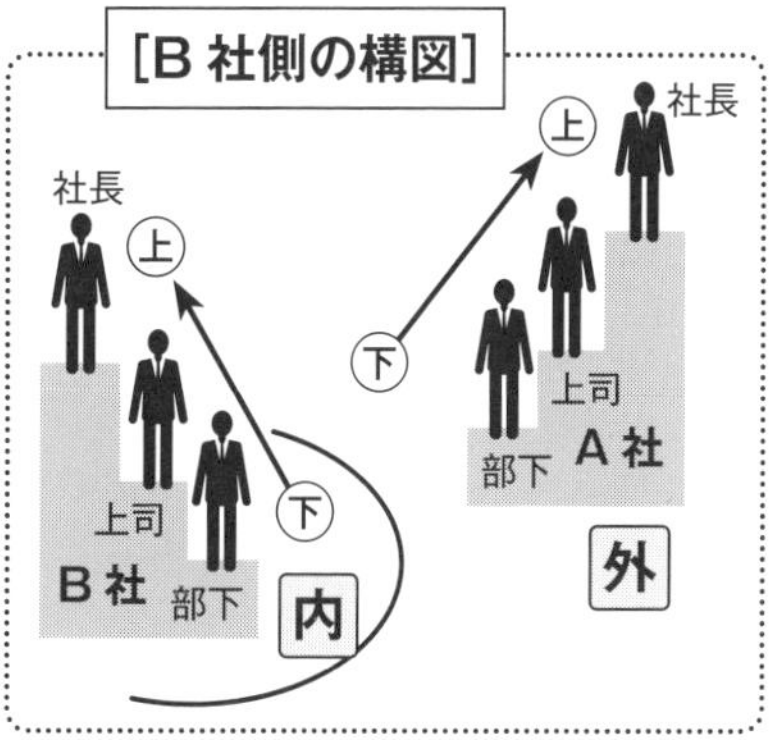
[B 社側の構図]
社長
上
下
上司
B 社
部下
内
社長
上
下
上司
部下
A 社
外

敬語
学習法③

本、ドラマ、映画でマスター。日常を描いた随筆がおすすめ

いろいろな場に身を置くことは、敬語をつかう経験を増やすのに役立ちます。ただ、自分が実際に会える人には限界があります。そこですすめたいのが、読書や映画、ドラマの鑑賞を通じてさまざまな状況における敬語を見聞きすることです。

敬語を上手につかえるかどうかは、その人がどれだけ多くの引き出しを持っているかにかかっています。引き出しが少なければ、微妙な人間関係に対応できなかったり、伝えたいニュアンスが適切に伝わらなかったりする可能性もあります。

豊富な読書や、ドラマや映画をたくさん見た経験は、確実に敬語の引き出しを増やしてくれます。

若い頃から多くの本を読んだことが、敬語だけにとどまらず、確かな日本語を身につけるのに役立ちます。人との距離のとり方や、そのための言葉づかいに関しては、とくに随筆が役に立ちます。日常の思いをつづった文章からは、社会生活を営むうえでのさまざまな知恵を学ぶことができます。

古典から現代の作品まで随筆を乱読

坂東眞理子の視点

敬語を学習するには、口うつしで典型文をつかってみることです。それにはまずボキャブラリーを増やし、典型文を増やすことが大切。私にとって役に立ったのは読書でした。

枕草子、徒然草といった古典から現代の作品まで、読書が、人の心の動きと言葉づかいを、私に教えてくれました。

テレビや映画、本から敬語を学ぶ

テレビや映画、本を通じてバーチャルな経験を増やすことは、つかえる敬語表現を増やすのに役立つ。意識的にコンテンツを選んで、敬語をチェック。気になるフレーズなどはメモをとって。

TV Interview

インタビュー、対談など、言葉のキャッチボールから学ぶ

インタビューや対談、鼎談などで、瞬時に交わされる会話のなかの敬語をチェック。アナウンサーなど、プロの話し手の言葉づかいにはヒントが多い。

TV Drama

ビジネス、政治が舞台となるドラマでじっくり観察

ビジネスや政治の話では「上」「下」、「内」「外」の複雑な人間関係で物語が進んでいく。場面とともにつかわれる決まったフレーズなども役に立つ。

Movie

ひと昔前の名作を。日常会話の敬語を学ぶ

テレビドラマ同様、ビジネスや政治の話はもちろん、家庭、近所の会話に敬語がつかわれているひと昔前の日本映画は、日常会話の敬語を学ぶうえで参考になる。

Book Novel

心理描写といっしょに描かれる台詞を味わって

小説のなかでつかわれる台詞は、文字面だけでなく、その前後の心理描写もあわせて味わう。TPO に合わせて変化する敬語のニュアンスも理解しやすい。

Book Essay

日常の場面、やりとりをものの見方とともに

随筆に描かれる日々のやりとりの会話文には、実生活ですぐつかえるものが多い。また、日本語や敬語に関する随筆を読むのも勉強になる。

敬語
学習法④

反面教師を持ち、不快を意識。敬語が自然と身につく

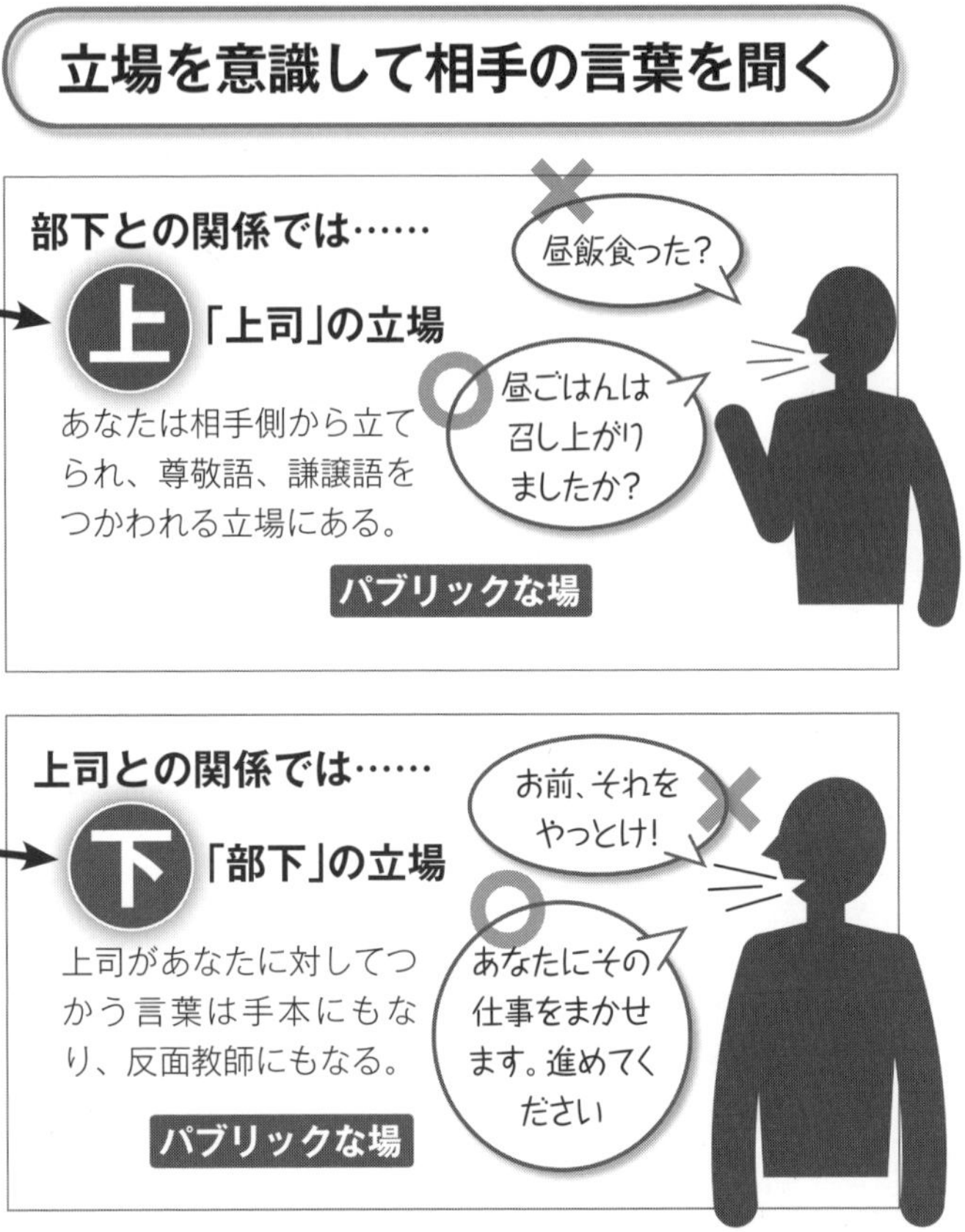
立場を意識して相手の言葉を聞く
部下との関係では……
上 「上司」の立場
あなたは相手側から立てられ、尊敬語、謙譲語をつかわれる立場にある。
パブリックな場
昼飯食った?
昼ごはんは召し上がりましたか?
上司との関係では……
下 「部下」の立場
上司があなたに対してつかう言葉は手本にもなり、反面教師にもなる。
パブリックな場
お前、それをやっとけ!
あなたにその仕事をまかせます。進めてください

教師と反面教師。二方向から先生を持つ

敬語を身につける基本的な方法としては、敬語を上手につかう先輩をお手本にして、そのまねをすることです。敬語の上手な先輩を、教師役として利用しましょう。

もうひとつ、それとは反対の方法もあります。ふだんの生活で、相手から言われたことで不快に感じたり、居心地のわるさを感じたりしたことが、誰にだってあるでしょう。相手に悪気がなかったとしても、「あ、嫌だな……」と感じ

会話するときは、パブリックかプライベートか、相手との関係はどのようなものかを意識して。快い言い方（○）を教師、不快な言い方（×）を反面教師として、言葉づかいを体得するといい。

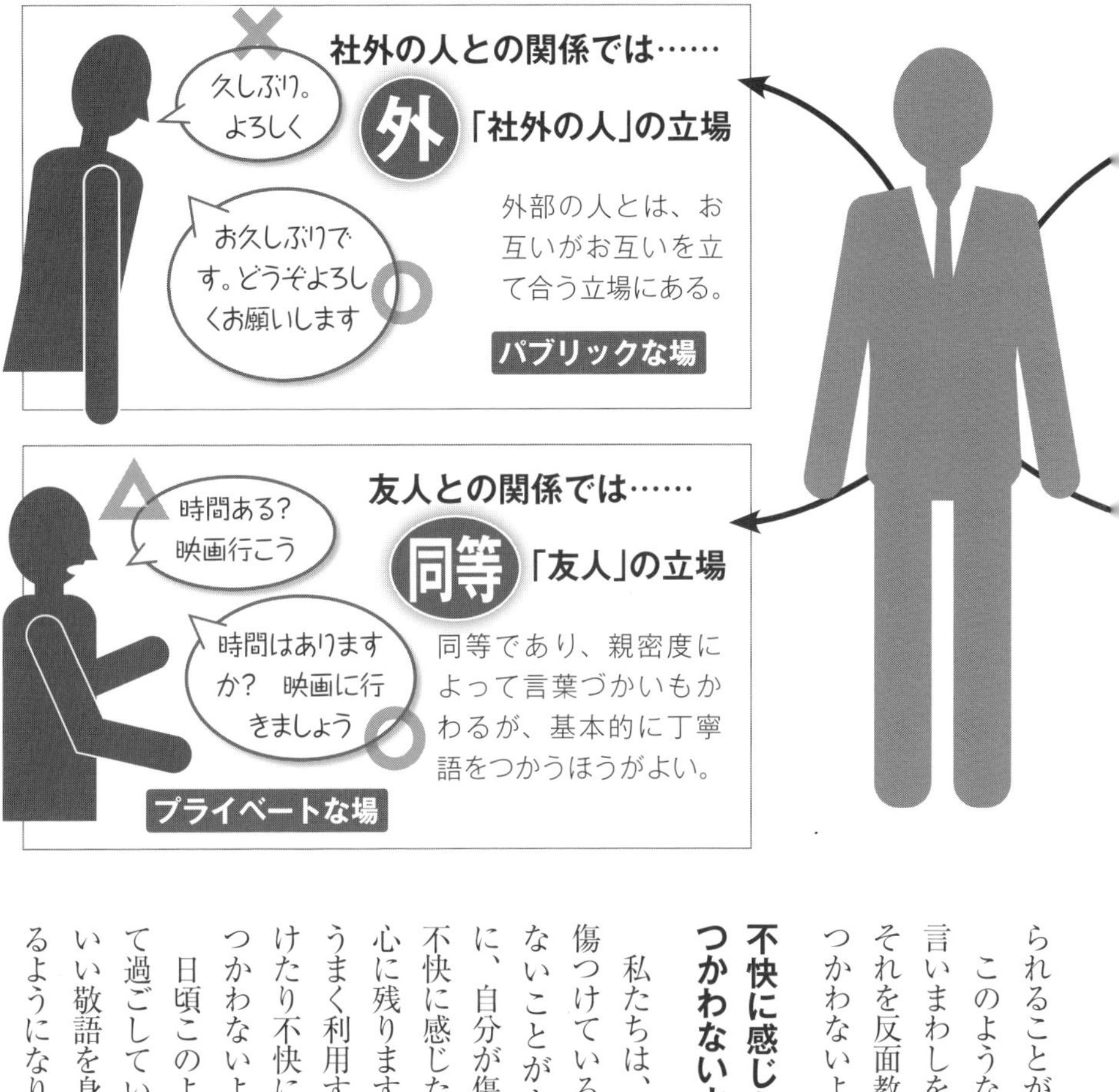

社外の人との関係では……
久しぶり。よろしく
外
「社外の人」の立場
お久しぶりです。どうぞよろしくお願いします
外部の人とは、お互いがお互いを立て合う立場にある。
パブリックな場
友人との関係では……
時間ある？映画行こう
同等
「友人」の立場
時間はありますか？ 映画に行きましょう
同等であり、親密度によって言葉づかいもかわるが、基本的に丁寧語をつかうほうがよい。
プライベートな場

られることがあるものです。

このような不快に感じた言葉や言いまわしをチェックしておき、それを反面教師として、自分ではつかわないように心がけます。

不快に感じた言葉をつかわないようにする

私たちは、自分の言葉が相手を傷つけているのに、それに気づかないことがよくあります。反対に、自分が傷つけられた言葉や、不快に感じた言葉は、どうしても心に残ります。そのような経験をうまく利用することで、人を傷つけたり不快にさせたりする言葉をつかわないようにするのです。

日頃このようなことに気をつけて過ごしていると、自然と感じのいい敬語を身につけることができるようになります。

気になる敬語

あなたの敬語は大丈夫？つかい方を徹底チェック

1

〰部分を立てるときは？

A 山田さんが言ったことです

B 明日は部長の家に行きます

C 社長に言いました

2

「させていただきます」を言いかえると？

A 私が行かせていただきます

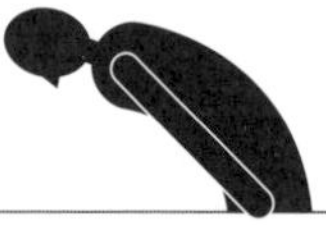

解答＆解説

1

A 山田さんがおっしゃったことです

B 明日は部長のお宅にうかがいます

C 社長に申し上げました

＊尊敬語の表現を覚えておく。

（相手が）言う→おっしゃる

（相手が）来る→いらっしゃる

（自分が）言う→申し上げる

（自分が）行く→うかがう

（自分が）もらう→いただく

2

A 私が参ります

B 私がやらせていただきます

C おやすみいたします

D ご紹介いたします

B 私がやらさせていただきます
C おやすみさせていただきます
D ご紹介させていただきます

3 次の言い方はOK？

A これでよろしかったでしょうか
B ご利用できません
C ご案内していただきました
D お客さまがおっしゃられました

＊A、Bは「さ入れ言葉」と呼ばれる。「させてもらう」の謙譲表現「せていただく」に、本来不要な「さ」が入ってしまったもの。「さ」をとるか、「行く→参る」などと言い方をかえる。
＊C、Dは相手に許可をもらっているわけではないし、くどい言いまわし。

3
A これでよろしいでしょうか
B ご利用いただけない
C 案内していただきました／ご案内いただきました
D お客さまがおっしゃいました

＊Aはいわゆるバイト敬語。
＊Bは「ご利用（は）」＋「できない」となると、「ご利用」という相手への尊敬語を打ち消すことに。「利用する」の謙譲語は「ご利用いただく」となる。
＊C「ご」をつけたときには「して」を残さない。
＊D「おっしゃいました」に「られ」を入れると過剰敬語になってしまう。

男女の敬語①

ワンランク上の敬語が女性の身を守ってくれる

本来なら、男性と女性は対等な存在として、同じように話せばいいと思います。とくにビジネスの場であれば、当然、男女は対等でなければいけません。

ところが、現実はどうかというと、かならずしもそうなってはいないのです。かつて日本の職場では、ほとんどの場合、男性が主要な仕事をし、女性はアシスタントでした。その頃のなごりなのか、男性のなかには、女性から対等な口をきかれることに慣れていない人が、いまでもたくさんいます。

かなり年上の女性であるとか、社内の地位がずっと上の女性であれば、その関係を受け入れることができますが、わずかな差だった場合には、男性のほうが上という感覚を持っている人が多いのです。

こうした困った状況がある以上、女性は男性に対して、ワンランク上の敬語、つまりちょっとていねいすぎるかなと思えるような敬語をつかったほうが無難です。そのほうが好感を持たれますし、自分の身を守ることにもつながります。

ばかていねいではなく、正しい敬語を

坂東眞理子の視点

女性がより敬語に気をつかうなんて……という意見もあります。でも、現状が改善されないなら、上手な敬語でトラブルを回避したほうが効率的。

ただし、フリルいっぱいの服のような、ばかていねいな敬語を求めているわけではありません。正しい敬語をつかえばいいのです。

女性が敬語をつかうときに気をつけたいこと

職場はパブリックな場所。基本的にはすべて敬語でやりとりしたほうがいい。立場より、性差によって言葉の受け取り方がかわる人も多い。ワンランクアップした敬語を目指して。

ワンランク上の敬語をつかう！

相手がどの立場にある人でも、年齢、性差に左右されず、つねに美しい敬語をつかうことを心がける。

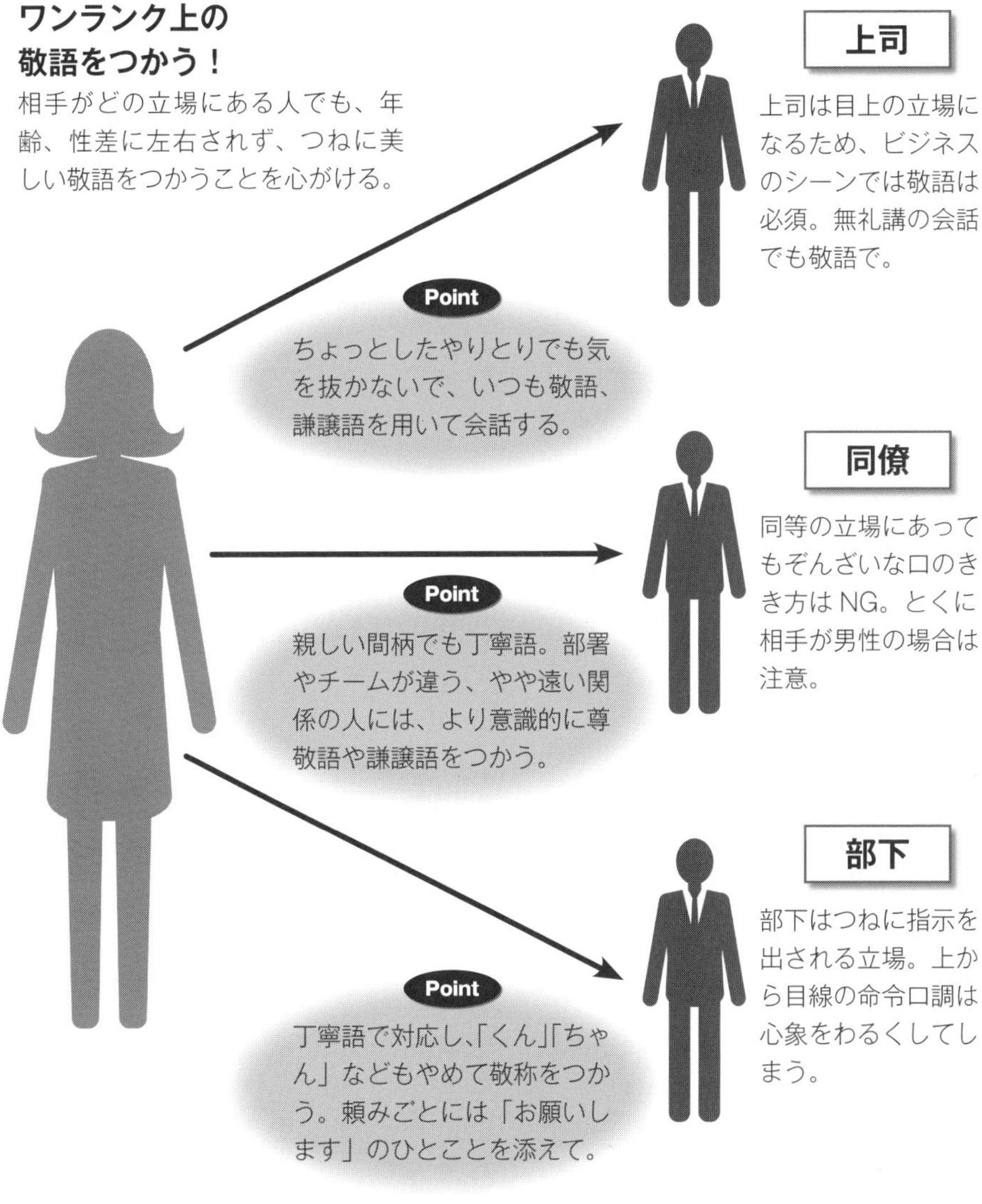
上司
上司は目上の立場になるため、ビジネスのシーンでは敬語は必須。無礼講の会話でも敬語で。
Point
ちょっとしたやりとりでも気を抜かないで、いつも敬語、謙譲語を用いて会話する。
同僚
同等の立場にあってもぞんざいな口のきき方はNG。とくに相手が男性の場合は注意。
Point
親しい間柄でも丁寧語。部署やチームが違う、やや遠い関係の人には、より意識的に尊敬語や謙譲語をつかう。
部下
部下はつねに指示を出される立場。上から目線の命令口調は心象をわるくしてしまう。
Point
丁寧語で対応し、「くん」「ちゃん」などもやめて敬称をつかう。頼みごとには「お願いします」のひとことを添えて。

男女の敬語②

見下し、さげすみの言い方はNG。言葉に、器の大きさや品格があらわれる

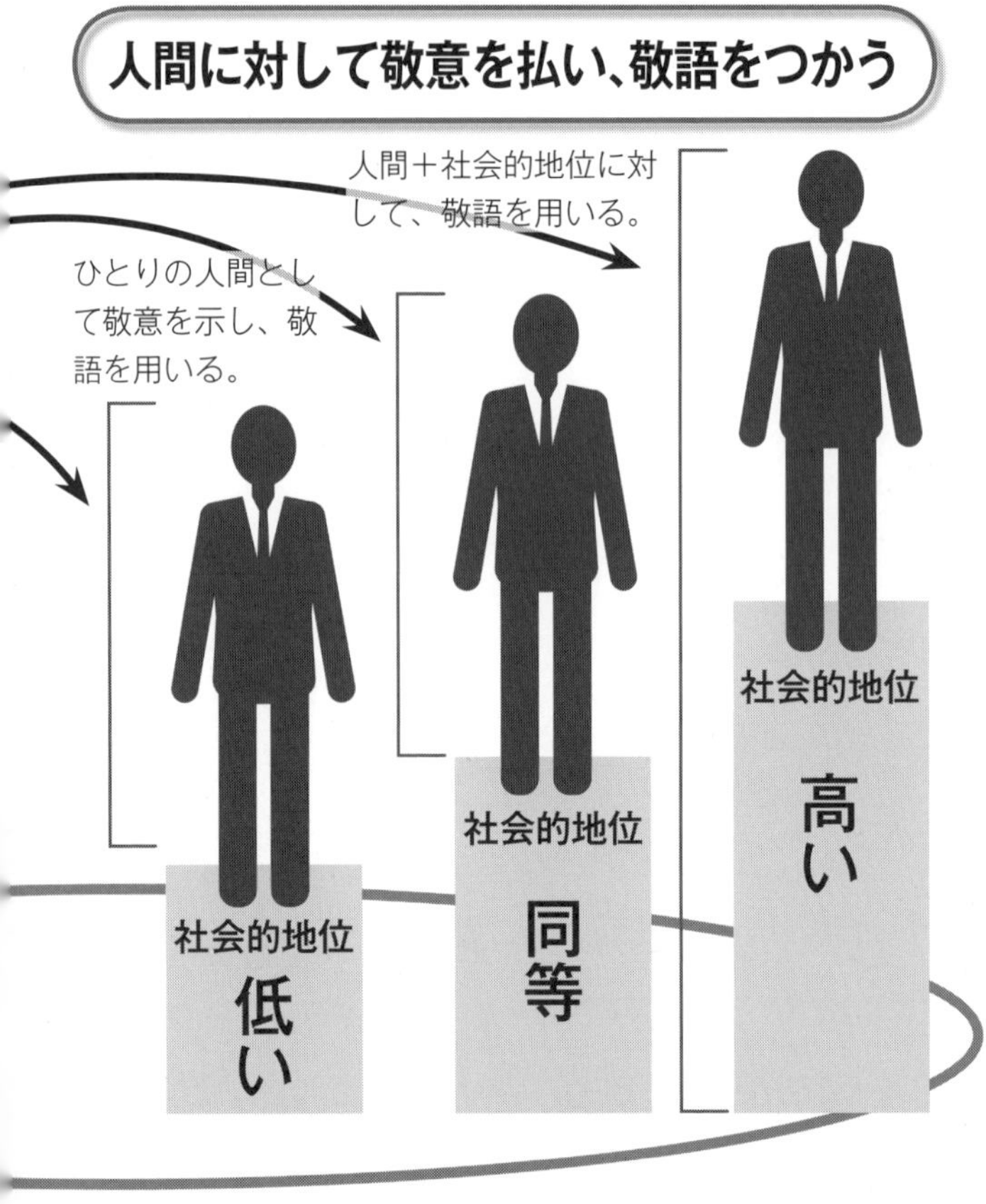
人間に対して敬意を払い、敬語をつかう
人間＋社会的地位に対して、敬語を用いる。
ひとりの人間として敬意を示し、敬語を用いる。
社会的地位
高い
社会的地位
同等
社会的地位
低い

”できるビジネスパーソン“に欠かせない条件とは？

ビジネスの場においては、相手が女性であっても男性であっても、ポストに応じた同じ敬語がつかわれるべきです。そういった言葉づかいが、”できるビジネスパーソン“の欠かせない能力。

もっとも気をつけなければならないのは、とくに理由もなく「男性は女性より上」という考え方から抜け出せずにいる男性です。女性に対しても、対等のパートナーとして、きちんとていねいな言葉

社会的地位が自分より低かったり、自分に対してサービスをほどこす役割の人に対して、ぞんざいな口をきいてはいけない。つねにひとりの人間と向き合っている自覚を持って。

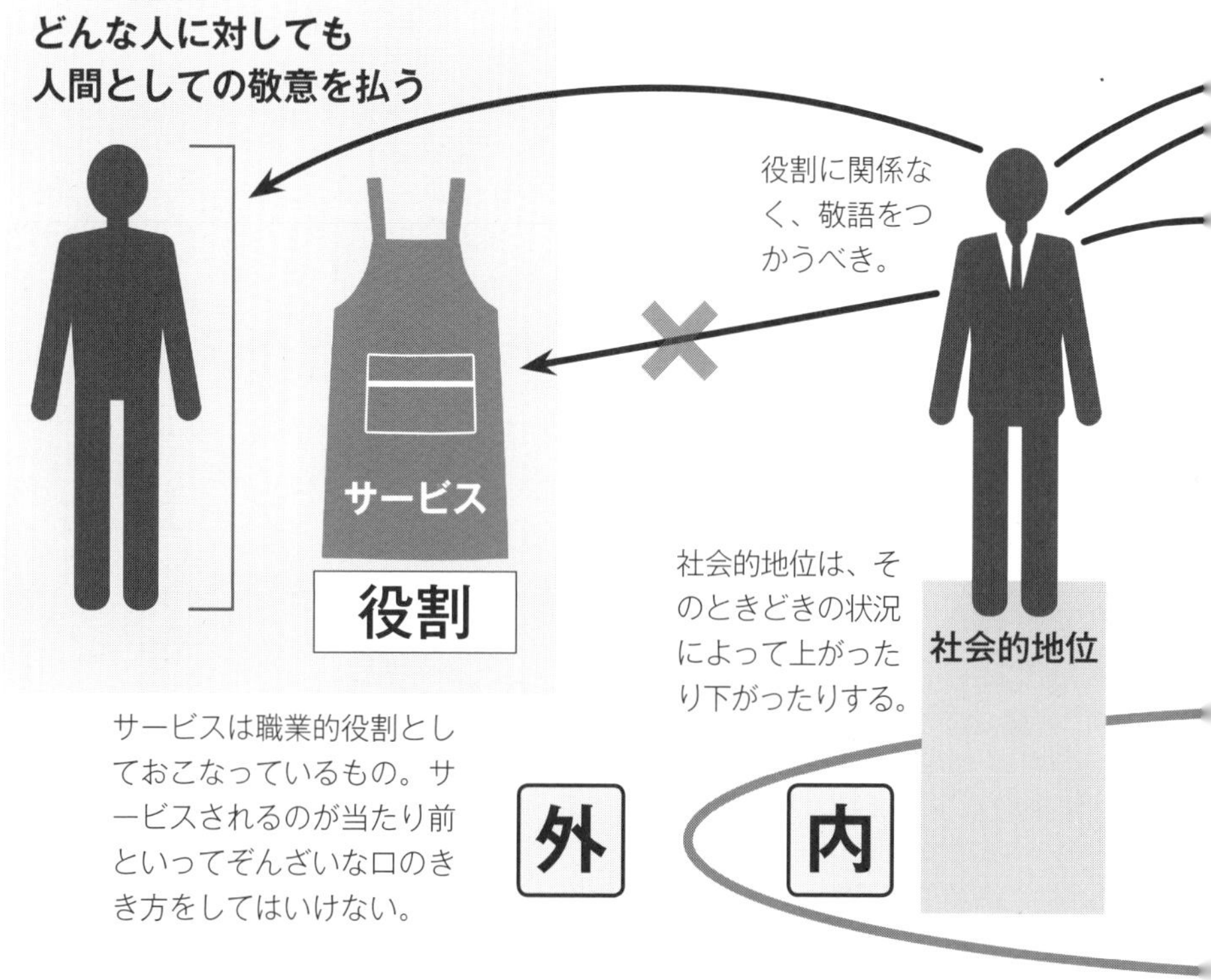

どんな人に対しても
人間としての敬意を払う
役割に関係なく、敬語をつかうべき。
サービス
役割
社会的地位
社会的地位は、そのときどきの状況によって上がったり下がったりする。
サービスは職業的役割としておこなっているもの。サービスされるのが当たり前といってぞんざいな口のきき方をしてはいけない。
外
内

で話す必要があります。見下したり、さげすんだりするような言葉は、それを口にした人の格を下げてしまうので気をつけてください。

人間としての敬意を払う。あなたの器が露呈する

地位の違いがあったとしても、相手に人間としての敬意を払わないような言葉を口にする人がいます。「パートのおばさん」「派遣のおねえちゃん」といった言い方は、慎まなければいけません。

また、社内の地位が上がると、部下を呼び捨てにするなど、とたんに尊大な口をきくようになる人がいます。これも人間の小ささを露呈するようなもの。上に立つ人は部下と対等に接し、部下は上司にていねいな敬語で接することを心がけましょう。

ネット社会の敬語

パリッとしたTシャツのように、カジュアルだけどていねいな言葉を

カジュアルすぎず、フォーマルすぎない言葉を選ぶ

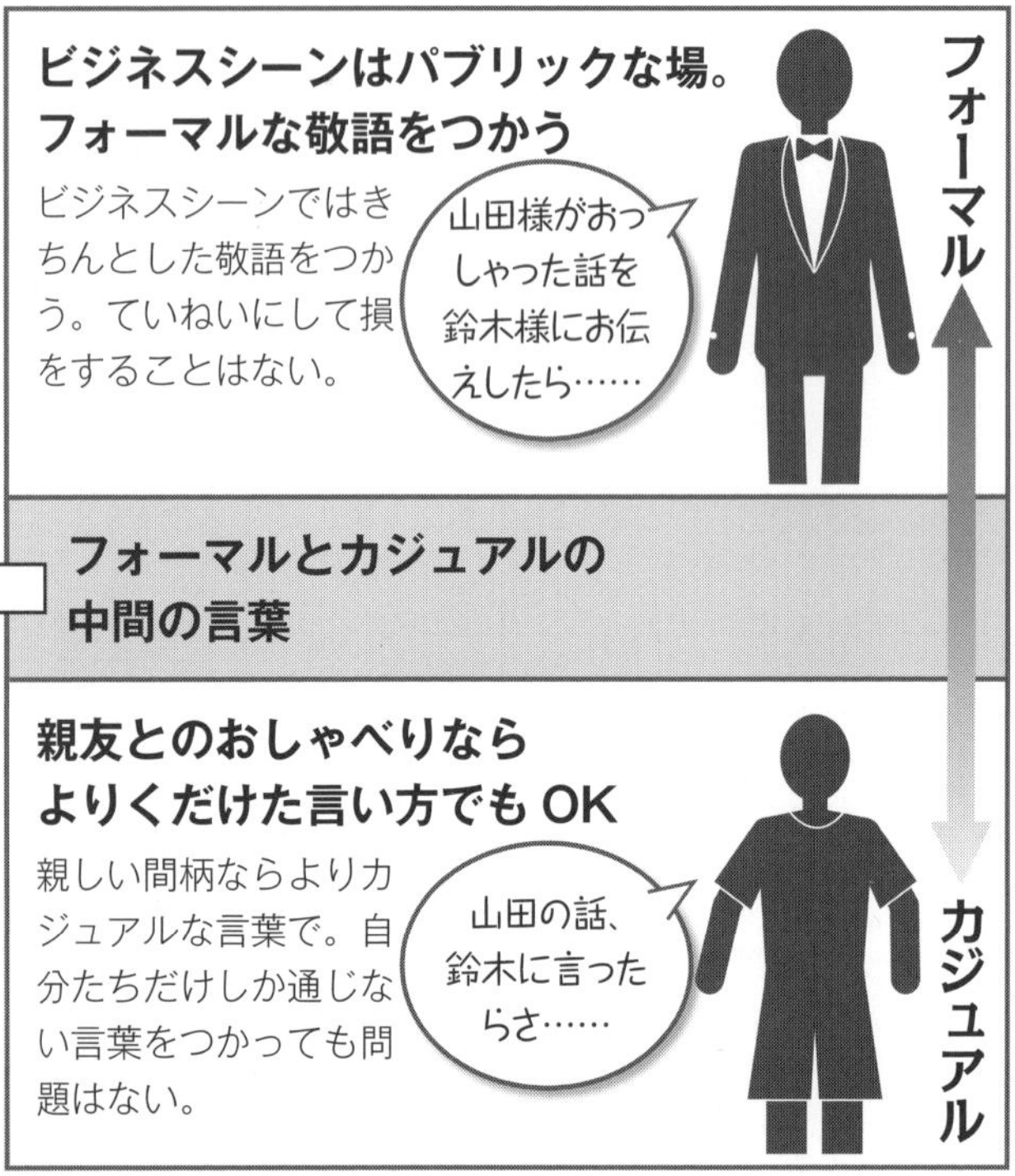

フォーマル
ビジネスシーンはパブリックな場。
フォーマルな敬語をつかう
ビジネスシーンではきちんとした敬語をつかう。ていねいにして損をすることはない。
山田様がおっしゃった話を鈴木様にお伝えしたら……
フォーマルとカジュアルの
中間の言葉
親友とのおしゃべりなら
よりくだけた言い方でもOK
親しい間柄ならよりカジュアルな言葉で。自分たちだけしか通じない言葉をつかっても問題はない。
山田の話、鈴木に言ったらさ……
カジュアル

SNSはよそゆきよりもカジュアルな服が似合う

ネット社会の到来によって、新しいタイプの敬語が求められています。とくに個人的なブログを書く、ツイッターやフェイスブックなどのソーシャル・ネットワーキング・サービスで情報を発信する……こういったときの文章にかしこまった敬語は似合いません。プライベートな内容を書くのであればとくにそうでしょう。衣服にたとえるなら、よそゆきの服ではなく、カジュアルな服がお似合い。

ブログやSNSなど不特定多数の人が目にする文章では、カジュアルすぎず、フォーマルすぎない中間的な言葉をつかう。第三者が読んだときにどう感じるかという視点で文章をチェック。

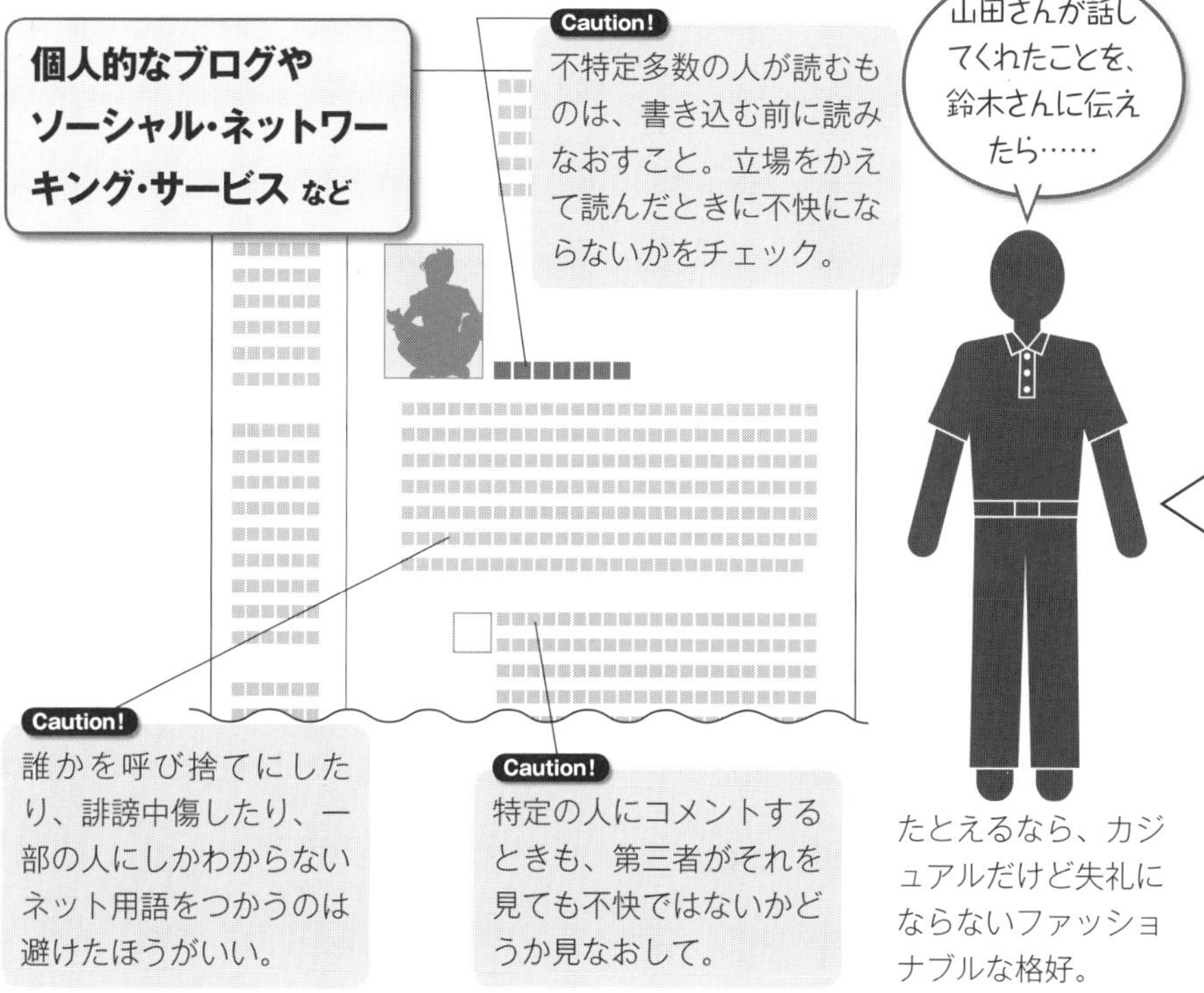
個人的なブログやソーシャル・ネットワーキング・サービス など
Caution!

不特定多数の人が読むものは、書き込む前に読みなおすこと。立場をかえて読んだときに不快にならないかをチェック。

山田さんが話してくれたことを、鈴木さんに伝えたら……

Caution!

誰かを呼び捨てにしたり、誹謗中傷したり、一部の人にしかわからないネット用語をつかうのは避けたほうがいい。

Caution!

特定の人にコメントするときも、第三者がそれを見ても不快ではないかどうか見なおして。

たとえるなら、カジュアルだけど失礼にならないファッショナブルな格好。

他人を意識したおしゃれなカジュアルさが必要

ただ、ネット上の文章は、いつ誰が目にするかわからないというこわさがあります。趣味に関する仲間内の情報交換でも、会社の上司の目にふれる可能性はあります。

したがって、あまりくだけすぎないほうが無難です。よそゆきの服は場違いだとしても、よれよれのTシャツでは油断しすぎ。たとえTシャツにするのでも、くだけすぎず、ファッショナブルなTシャツを選ぶとよいでしょう。

もうひとつ、狭い世界でしかつかわない言葉の使用にも注意が必要。仲間内の言葉は、外の人には違和感や不快感を与えてしまうことがあります。カジュアルかつパブリックな言葉を選びましょう。

敬語の
苦手克服

商談やプレゼンでは準備を。敬語に意識を向ける余裕が生まれる

ビジネスの世界では、話すことの重要性が高まっているのではないでしょうか。

さまざまな商談はもちろん、上手なプレゼンテーションができるかどうかによって、ビジネスの成果は大きく左右されます。人前に出てきちんと話せる能力が求められています。

上手に話すのに大切なのは準備です。自信がないのに、たいした準備をすることもなく、当たってくだけろの精神で臨んだのでは、うまくいくはずがありません。

何を伝えたいのか、何を強調したいのかを整理し、話の柱立てをしておきます。そして、それを簡単なメモにまとめておくのです。自信がなければ文章をつくっておくという方法もありますが、ふつうはそこまでしなくてもいいでしょう。

話の内容や話す順序が決めてあると、心に余裕が生まれるため、話すときに言葉づかいや敬語にまで注意を向けることができます。話の内容が伝わりやすいのはもちろん、相手に好印象を与えることもできます。

事前準備を欠かさずに。あとは場数を踏むだけ

坂東眞理子の視点

大学行事、講演会……私は人前で話す機会が多いほうかもしれませんね。でも、いまだに聴衆の前に立つとドキドキ。緊張すると、言葉づかいだってしどろもどろになりますから、話す内容はメモにして持参します。

上達のコツは事前準備と場数を踏むこと。これしかありません。

商談やプレゼンの前にはメモをつくっておく

何を話そうかと考えながら、言葉づかいにまで気をまわすのは、簡単なことではない。経験を積んだ上級者ならともかく、経験が浅いうちは、事前にメモをつくるようにする。

・話をする対象は誰？

・話の最終目的は何？

・伝えなければならないことは？

・話の要点はどこ？

□

□

□

・確認しなければならないこと（条件）は？

➡いつまでに

➡何を

➡どうやって

➡いくらかけて

など

プラスアルファの敬語

感謝、謝罪は具体的に語る。ていねいな気持ちが伝わる

月並みな表現をどう言いかえるかが勝負

「ありがとうございます」も「申し訳ありません」も、よくつかわれる言葉です。感謝や謝罪の気持ちを伝える最良の言葉ですが、月並みな印象があるのか、他にいい言葉はないかと考える人も……。

他の言葉に置きかえるなら、自分の感じていることを、具体的に語るといいでしょう。ありがとうのかわりに、「感謝しています」「喜んでいます」といった具合。謝罪なら、「反省しています」「お詫

感謝とお詫びの「言いかえ表現」

★「ありがとうございます」

言いかえ

「うれしく思います」

「助かります」

「感謝しております」

Point

・「お力添えいただき」「ご配慮くださり」などの言葉を添えるとなおよい。

・「具体的な内容」を述べて、感謝する。

・ごちそうになったときは、「おいしくいただきました」「おいしい～ですね」などおいしさについて言及する。

「ありがとうございます」「申し訳ありません」などのビジネスシーンで多用する感謝、謝罪の表現。相手を立てながら、自分の思いを伝えるには、言いかえ表現を覚えて、ボキャブラリーを増やしておく。

★「申し訳ありません」「お断りします」

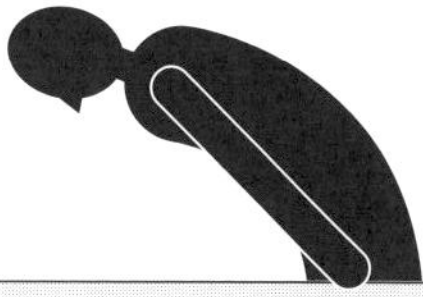

言いかえ

「心よりお詫び申し上げます」

「たいへんご無礼いたしました」

「(具体的な事情を述べ、) 申し訳ありません」

「お気持ちはたいへんありがたいのですが、〜だから受けられません」

「先約が入っています」

「ペンディングの予定があり、あとから失礼してしまうと申し訳ないので、お断りします」

Point

・依頼を受けるのか、受けないのか、最初にはっきりさせる。
・断るつもりなら、なるべくはやく結論を伝える。
・ペンディングにするなら期限を確認し、はやめに返答する。

びします」「弁解の余地もありません」などでしょうか。

申し訳ありませんのつかいすぎは悪印象

申し訳ありませんという言葉は、「申し訳ありませんが、○○していただけますか」のようなつかい方もします。多用しがちですが、ネガティブ表現なので、つかいすぎるとよい印象を与えません。「○○していただけますか。お願いします」などのほうが好印象。

意外と難しいのが、依頼などを断るときの言葉づかいです。感じよく断るためには、相手の事情はよくわかると理解を示したうえで、理由を述べお受けできませんと断ります。理由がない場合でも、「先約があって」などと言っておくことは許されるでしょう。

ーニング

センスの磨き方

日本語のセンスを磨きたいなら、俳句をつくることです。俳句は「五七五」の十七音からなる五七調最短定型詩。定型に言葉を収めることで、日本語が美しくなります。五七調のリズムは記紀歌謡以来つづく日本人独特のもの。自分たちの美意識や日々のできごとを俳句にすると、言葉は美しく整い、人を感動させることができます。意思疎通がスムーズになり、人の心を動かす言葉もつかえるようになっていきます。またビジネスパーソンにとって、俳句づくりはストレス発散、健康にも役立ちます。

5時間目 俳句でトレ

日本語

日本人は五七調に合わせ、詩をつくるため、
さまざまな言葉をつくり出してきました。
五七五を通過すると、
日本語が美しくなります。

金子兜太

かねこ・とうた

1919年埼玉県生まれ。俳人。現代俳句協会名誉会長。旧制水戸高校在学中に加藤楸邨に師事。東京帝国大学経済学部卒業後、日本銀行入行。従軍などを経て、終戦後復職。1974年に定年退職。1962年同人誌「海程」創刊、主宰。1983年現代俳句協会会長、1987年朝日新聞「朝日俳壇」選者。1988年紫綬褒章を受章、2005年日本芸術院会員に。2008年文化功労者。2010年毎日芸術賞特別賞、菊池寛賞を受賞。『金子兜太全句集』『わが戦後俳句史』『悩むことはない』『荒凡夫 一茶』『知識ゼロからの俳句入門』など著書多数。

俳句のリズムに言葉をのせる。美しい日本語をつかえるようになる

五七調のリズムにのせ、十七音に凝縮する

日本語力を向上させたい、ワンランク上の日本語をつかえるようになりたい――そう思っている人はたくさんいるはずです。

ただ意味を伝えられるだけでなく、美しい日本語をつかって、人を気持ちよくさせるような言葉のつかい手でありたいものです。

美しい日本語をつかう訓練として、俳句をつくることをおすすめします。五七調のリズムに言葉をのせて語る。それも「五七五」のわずか十七音に凝縮する。これを何度も何度も繰り返すことで、日本語力は鍛えられていきます。

「五七五」の言葉で切り取ると思考が整理される

俳句をつくるというと、何か特殊なことと構えてしまう人がいますが、それではいけません。特別に美しいものだけを俳句にするのではなく、なんでもない日常の生活を、「五七五」の世界に切り取っていきます。

もともと俳句は、庶民が日々の暮らしを詠むために生まれた形式だったのです。日々起こったこと、考えていることを「五七五」の言葉で切り取ると、思考が整理されます。漠然と過ごしていた毎日にメリハリが生まれ、悩んでいることも客観的にとらえることができます。自分自身を整えることができるのです。

俳句を通過すると、日本語に美しい響きが

最初から日常を詠もうと、気構える必要はありません。大事なのは、語ろうとすることを五七調のリズムにのせていくこと。リズム

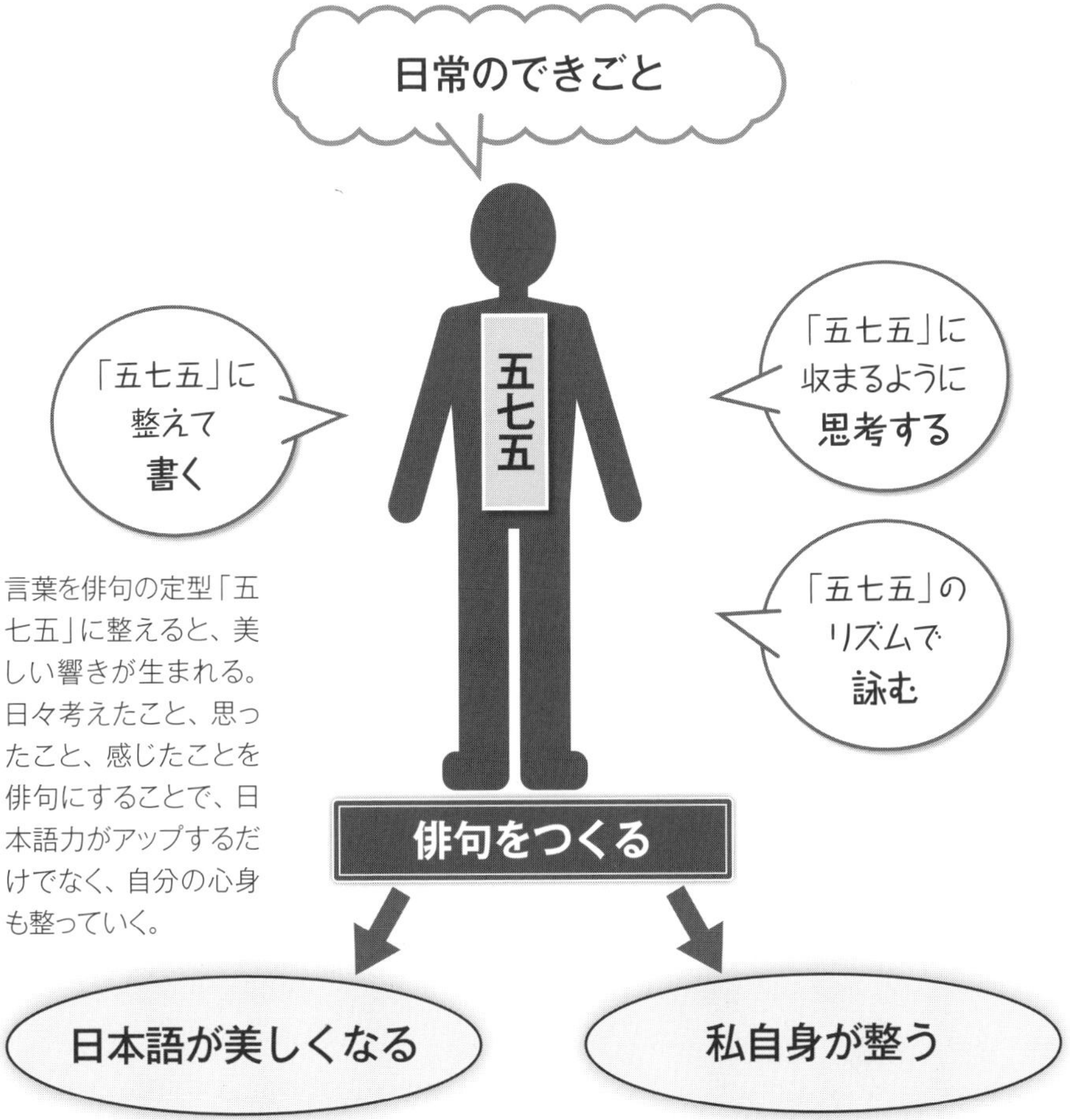
日常のできごと
五七五
「五七五」に
整えて
書く
「五七五」に
収まるように
思考する
「五七五」の
リズムで
詠む
俳句をつくる
日本語が美しくなる
私自身が整う

言葉を俳句の定型「五七五」に整えると、美しい響きが生まれる。日々考えたこと、思ったこと、感じたことを俳句にすることで、日本語力がアップするだけでなく、自分の心身も整っていく。

にのらない言葉は捨てます。「五七五」の十七音に凝縮するため、こぼれる言葉も捨てます。

五七調最短定型の俳句を通過すると、美しい響きが生まれます。もちろん日常生活でつかう言葉は、五七調ではありませんし、十七音という制約もありません。

それでも、五七調最短定型で言葉を生かす作業を繰り返していくと、日常生活の言葉も影響を受けます。日本語の奥深くに抱えている根源的なリズムが素養として身について、美しい日本語を生み出せるようになります。

俳句には特別な道具はいりません。身ひとつで、電車のなかでも、トイレのなかでも、句をつくることができます。多忙なビジネスパーソンが日本語力を磨くのにこれほど適した方法はありません。

五七調と日本語

五七調の素養が、書き言葉、話し言葉を美しくする

日本人が五七調のリズムに言葉をのせるようになったのは非常に古く、記紀歌謡（『古事記』と『日本書紀』に収められている歌）には、すでに五音と七音を組み合わせたリズムがつかわれています。そこから和歌が生まれ、俳句も生まれてきました。日本語には、五七調を基本とする音律詩の伝統が脈々と生きているのです。

この音のリズムがいかに日本人に愛されてきたかは、歌舞伎の台詞や落語などの例をあげるまでもなく、あきらかでしょう。五七調のリズムにのった言葉に、日本人は生理的に魅力を感じるのです。

俳句や短歌などの五七調短詩形に取り組んだ経験は、その人の言葉に大きな影響をおよぼします。五七調の素養を身につけると、その人の書き言葉も話し言葉も美しくなるのです。

あの人の話す言葉はきれいだ、あの人の文章は魅力的だと感じるとき、その裏には五七調の素養がひそんでいることが少なくありません。また、なぜか心に響く言葉、記憶に残る言葉にも、五七調が隠されていることがよくあります。

五七調にのらない言葉は残らない

金子兜太の視点

「外来語は日本語を脅かすか？」という質問を受けたことがあります。私の結論はNO。インフォメーション、オピニオン、デリバリー……外来語はたくさんありますが、結局、五七調にのらないものはつかわなくなります。日本人のリズム＝五七調だから。CMのフレーズ、省略語も五七調が多いですね。

日本人の心に響く五七調

五七調の言葉には、日本人の心を生理的に高揚させる効果がある。現在でも人気がある歌舞伎や古典落語の名台詞はほとんど五七調のリズムにのっている。

知らざあ言って
しら ざあ いって て
1 2 3 4 5
↓
五音

聞かせやしょう
きかせや しょ う
1 2 3 4 5 6

浜の真砂と
はのまさごと
1 2 3 4 5 6 7
↓
七音

五右衛門が
ごえもんが
1 2 3 4 5
↓
五音

歌に残せし
うたにのこせし
1 2 3 4 5 6 7
↓
七音

盗人の
ぬ すっと の
1 2 3 4

種は尽きねえ
たねはつきねえ
1 2 3 4 5 6 7
↓
七音

七里ヶ浜
しちりがはま
1 2 3 4 5 6

河竹黙阿弥《かわたけもくあみ》作『青砥稿《あおとぞうし》 花紅彩画《はなのにしきえ》』の浜松屋の場で、白浪五人男のひとり、弁天小僧菊之助がもろ肌脱いで名乗りをあげる台詞。撥《はっ》音や促《そく》音が入りながら、五七調にのっている。江戸時代からつづく名台詞。

公家の連歌遊びが庶民に広がり、日本語の語彙が増えた

俳句のはじまりは、平安末期の連歌

日本人が五七調に惹かれるのには歴史的な背景があります。五七調の最短定型詩である俳句の歴史をさかのぼっていくと、平安時代の終わりに生まれた連歌《れんが》にたどり着きます。

この時代には「五七五七七」の和歌がつくられていました。そこにある人がつくった「五七五」に、別の人が「七七」をつける連歌という遊びが生まれたのです。つくり手は殿上《てんじょう》の公家たちでした。

和歌

日本古来の詩の形式。さまざまな種類があったが、現在までつづいているのは五七五七七のリズムを持つ短歌のみ。五句からなり、三十一音の定型詩。ひとりでつくる。

12345 1234567 12345
花《はな》の色《いろ》は 移《うつ》りにけりな いたづらに
1234567 1234567
我身世《わがみよ》にふる ながめせしまに

連歌

和歌をつかう座の文芸。複数の人が集まり、五七五の上の句と七七の下の句を交互につくりながら、ひとつの詩を完成させる。

発句

12345／1234567／12345

殿上人から民衆へ。自分たちの言葉を創造

連歌が、武家を通じて庶民に伝わり、民衆の連歌が生まれます。「殿上人の連歌」に対し、「地下《じげ》の連歌」と呼びます。盛んになるのが室町時代。民衆は公家とは異なる遊戯性の高い連歌をつくりはじめます。「俳諧《はいかい》の連歌」です。

俳諧の流行は、多くの新しい言葉を生み出しました。庶民の生活や庶民の感性を俳諧に持ち込むため、新しい言葉が必要だったからです。俳諧のために生み出された言葉を「俳言《はいごん》」といいますが、この時代、多くの俳言がつくられ、それが現在の日本語の豊かさにつながっています。

俳諧から最初の「五七五」を切り取った俳句が生まれたのです。

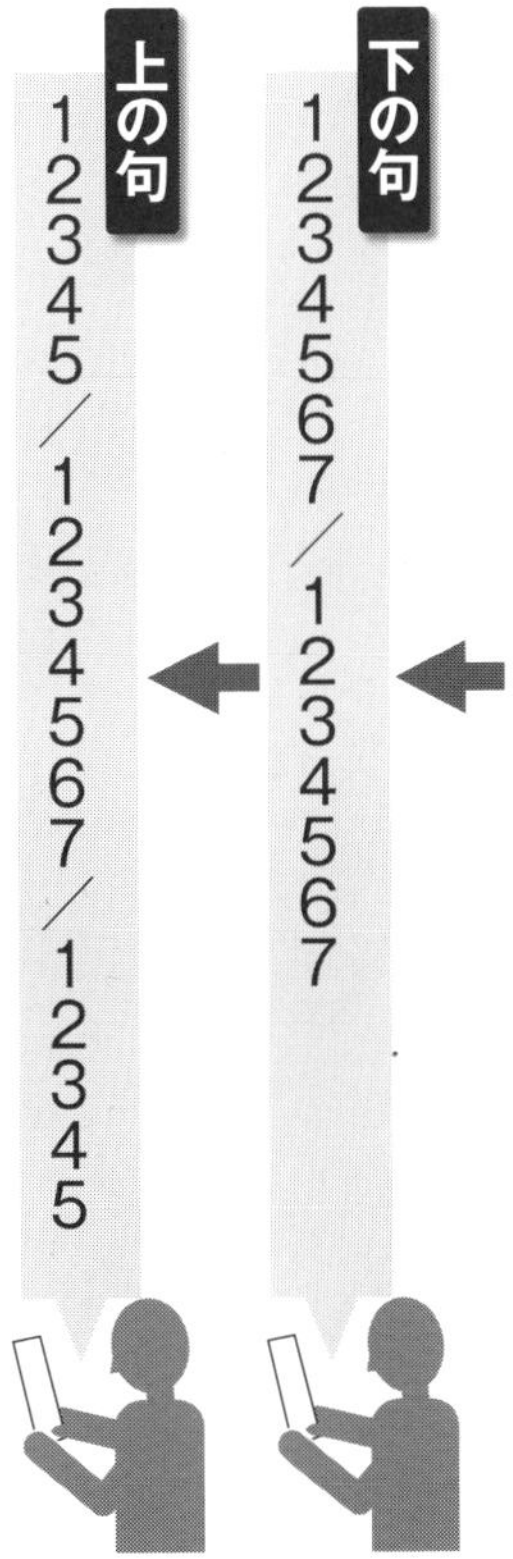

【殿上の連歌と地下の連歌はどう違う?】

上の句

殿上の連歌
佐保姫《さほひめ》の春舞いおりて氷消ゆ

地下の連歌
佐保姫の春たちながら尿《しと》をして

下の句
霞の衣　裾はぬれけり

「霞の衣裾はぬれけり」という美しい句に対して、上の句をどうつけるか。民衆（地下）は殿上人とは違う世界に生きている。「尿」という独自の美意識から生まれた俳言を織り込む。「春の女神（佐保姫）は空からあらわれて立ち小便をしたので、霞の衣の裾が濡れた」という諧謔《かいぎゃく》、滑《こっ》稽《けい》が生まれる。

日本語の歴史②

俳諧、俳句は数少ない娯楽。諧謔、滑稽が庶民の日常を支えた

俳諧は人気の言葉遊び。最先端のおもしろさがあった

俳諧の連歌が人々のあいだに広まったのは、それが娯楽として優れていたからです。娯楽が少なかった時代に、多くの人々から支持された人気の遊びでした。

平安朝の公家たちにとっても、連歌は言葉の遊びでしたが、そこに生活感はありませんでした。限定された言葉を使用し、そのなかで言葉遊びを楽しんでいたのです。

ところが、民衆に広まった連歌は、公家たちの連歌とは異なり、

室町時代の俳諧

佐保姫の春立ちながら尿《しと》をして
霞の衣　裾はぬれけり
山崎宗鑑《そうかん》

俳諧

地下の連歌（P139）に俳諧の要素が盛り込まれるようになり、俳諧の連歌として独立していく。美しい歌に「尿」が読み込まれることで滑稽味が生まれる。おもしろければよくて、用語の定義などは定まっていなかった。

江戸時代の俳諧

春立ちて踏む雪汁《ゆきじる》やとまるらん
霞の衣　裾はぬれけり
松永貞徳《ていとく》

俳言

連歌から俳諧が独立。松永貞徳は俳諧の言葉を俳言と提唱。滑稽さだけでなく俗語、漢語なども俳言に含まれるようになる。庶民は俳諧を通じて、自分たちの生活、風俗、心情をあらわす俳言を生み出していった。

日常の暮らしの言葉を取り込みました。そこに「諧謔」や「滑稽」といった新しいおもしろさを加え、俳諧の連歌となっていきました。それを庶民が大歓迎しました。

自分たちの生活を諧謔、滑稽で笑い飛ばす

人々は連歌師のつくる滑稽で諧謔に富んだ俳諧を喜び、自分たちでも俳諧をつくりました。庶民の視線で、日々の暮らしを五七調にのせ、諧謔や滑稽で味つけをして笑い飛ばす。それがかならずしも楽ではなかった庶民の日常を支える役割を果たしていたのです。

こうして庶民の暮らしのなかに、五七調のリズムが根づいていきます。そこから俳句が生まれ、人々の生活を活写する短詩形として発展していったのです。

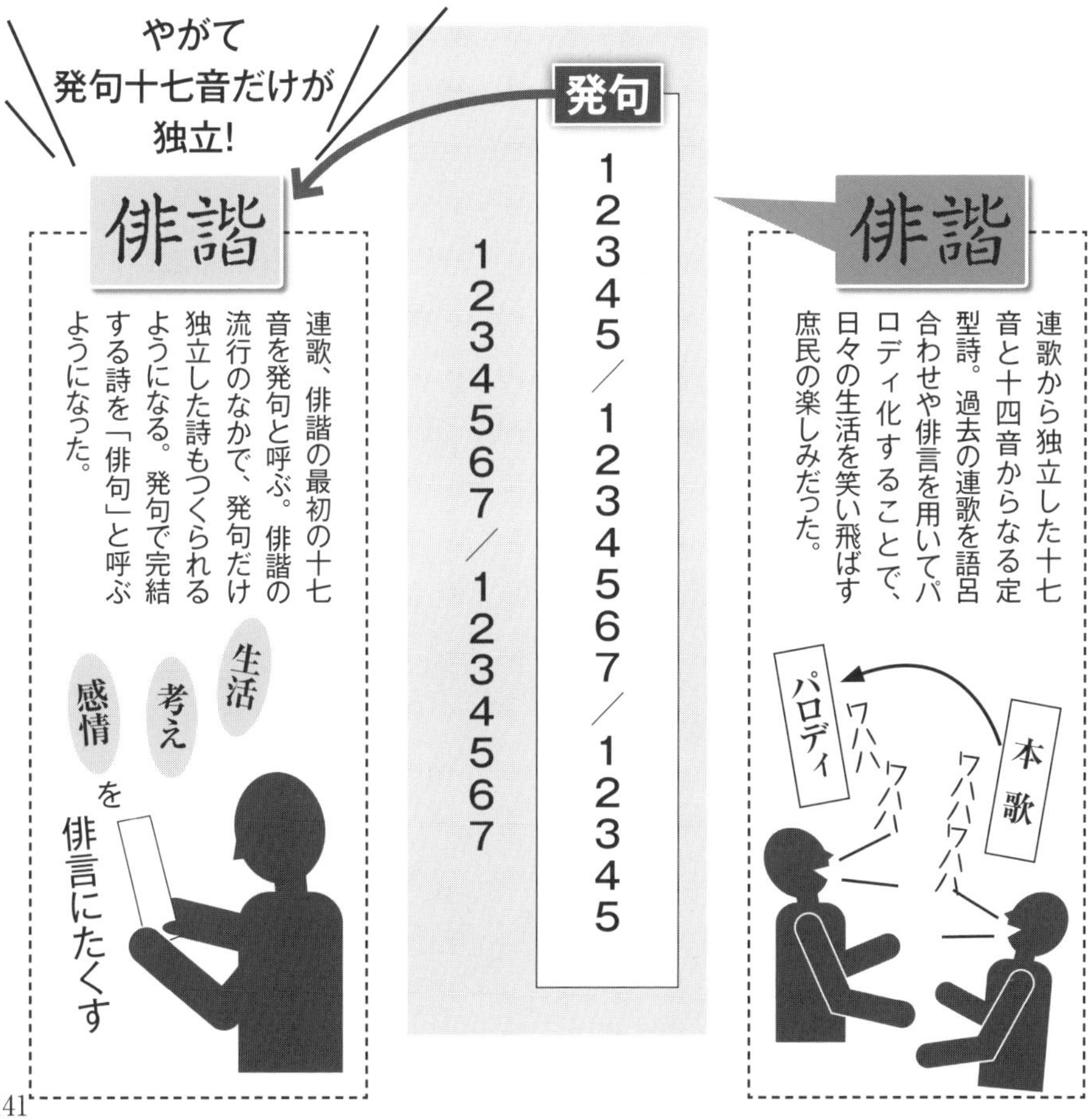
俳諧
連歌から独立した十七音と十四音からなる定型詩。過去の連歌を語呂合わせや俳言を用いてパロディ化することで、日々の生活を笑い飛ばす庶民の楽しみだった。
本歌
パロディ
ワハハ
ワハハ
ワハハワハハ
発句
12345／1234567／12345
1234567／1234567
やがて発句十七音だけが独立!
俳諧
連歌、俳諧の最初の十七音を発句と呼ぶ。俳諧の流行のなかで、発句だけ独立した詩もつくられるようになる。発句で完結する詩を「俳句」と呼ぶようになった。
生活
考え
感情
を俳言にたくす

俳句で日本語
センスアップ①

花鳥諷詠よりも暮らしを詠む。俳句は日常を乗り越える糧となる

俳句の世界には「花鳥諷詠《かちょうふうえい》」という言葉があります。花鳥風月に代表される自然の様子を、そのまま詠むことに価値があるという考え方です。高浜虚子《たかはまきょし》が提唱しました。

これに対し、水原秋桜子《みずはらしゅうおうし》は、花鳥諷詠には「自然の真」があるが、俳句には自分が思っていることを書くおもしろさもあるとして、「文芸上の真」と呼びました。暮らしを詠む俳句もつくられるようになります。

室町時代からつづく俳句の歴史から考えても、暮らしを詠むのが俳句の王道だともいえます。

自分の暮らしのさまざまなできごとを、俳句という五七調の最短定型詩にしていくことで、たとえば仕事のつらさや喜びを表現し、苦しい生活のなかで感じた、ささやかなうれしさを表現してきました。それが日常を乗り越える糧となってきたのです。

俳句は人間を歌い、暮らしを歌うことにこそ意義があります。ビジネスに明け暮れる毎日も、俳句の絶好の題材です。五七五のリズムに言葉をのせていくことで、思わぬ力を得ることができるでしょう。

俳句とは人間臭いもの

金子兜太の視点

父は埼玉県秩父の開業医で、俳人でもありました。句会に集まるのは山の民と呼ばれる30～40代の男たち。山仕事を終えると句会を開く。「俳句は自分たちの暮らしを詠めておもしろい」と句を詠み、酒を飲んで議論してはケンカに。彼らを見ていて、俳句とは人間臭いものだなぁ、と感じたものです。

自分の暮らしを俳句にする

俳句をつくるときに、美しいもの、感心されるものを詠もうとせず、日常の一場面を五七五の言葉にのせる。日々の苦労や喜びを、表現して味わうという、楽しみを得ることができる。

往診の靴の先なる栗拾う

自分のこと、生活の一場面を詠む。

一点を具体的にクローズアップ。自分の見ていること、考えていることが切り取られる。

栗は秋の季語。四季が詠み込まれることで、情景が目に浮かぶ。

開業医だった金子伊昔紅《いせきこう》（父）の句。往診をするために、秩父の山道を歩いていると、その靴の先に栗が落ちている。その栗を拾ってまた往診へ向かう。山中の開業医の生活のひとコマ。ひとりきりで秋の山を歩く様子だけでなく、切り取られたシーンから、歩いているときの気持ちまで浮かんでくる。

句をつくるときに、特別なことをする必要はありません。

　まず、日々おこなっていることや仕事を題材にしてみましょう。具体的に場面を描写することができるはずです。そこにまつわる感情もわいてきます。等身大の自分のいまが、俳句を通じて見えてくるでしょう。

　俳句をつくることが習慣になると、自分のおこないを、より注意深く観察し、考えるようになります。

　ものの見方がかわっていくと、ふだん見過ごしていたことにも気づくようになります。日常をていねいに送れるようになります。もちろん仕事にもさまざまな効果が生まれます。

　日常を題材にした句（すべて金子兜太作）を紹介します。

●仕事を詠む

銀行員等《ら》朝より蛍光《けいこう》す烏賊《いか》のごとく

↓職業を具体的に記すことで場面が浮かび上がる。

銀行員時代の句。神戸支店の朝、暗い店内に出社し、各々机の電灯をつける。前日、水族館で見たホタルイカに似ていたところから生まれた句。銀行員という職業にスポットを当て、イカにたとえることで、その生態をあらわした一句。

●家族を詠む

豹《ひょう》が好きな子霧中の白い船具

↓子と船具の白さが対になって明るさを増す。

神戸に在住していたとき、幼稚園の息子を連れて埠頭に散歩に行ったときの句。「豹が好き」と得意げに話す男の子と、白い霧のなかでひときわ白く目に映る船具。穏やかで明るい家族との一場面が切り取られている。

●街の一場面を詠む

どれも口美し晩夏のジャズ一団

↓ユーモラスな描写で都会の風景が一変する。

夏の終わり、日比谷公園で出会った、ジャズの一団。歌う口、楽器を奏でる口の美しさをそのまま詠んだ句。せわしない都会のオフィス街にあらわれるオアシス。「どれも」という言葉が、公園に集う人々への親近感を生む。

●自分を詠む

髭のびてつぺん薄き自然かな

↓自己を客観的にとらえながら、「自然かな」と結ぶことで、新境地にたどり着く様子がわかる。

40～50代後半にかけて、髭《ひげ》が濃くなり、頭頂の毛が薄くなっていった。これも自然ということだと、割り切れたときの句。句を通じて、自らの老いを客観視し、事実を自然と認識でき、結果、笑いにかえることができる。

俳句で日本語センスアップ②

まず何度も口ずさむ。欠点に気づくようになる

俳句が上達するいちばんの方法は、とにかく自分で俳句をつくり、それを何回も口ずさんでみることです。これは、俳句の指導者に添削してもらうより、はるかに効果的な上達法だといえます。

口ずさむの「ずさむ」は「遊む」とも書きます。つまり言葉を舌の上で転がすようにして声に出してつぶやき、遊んでみるのです。

口ずさんでいると、その句が持つ欠点に、自分で気づくことができます。たとえば、助詞のつかい方がおかしいという場合でも、口ずさんでいるうちに、自然とそれに気づきます。指摘されてなおすより、そうやって自分でハッと気づいたほうがいいのです。

その句になじまない言葉がつかわれている場合も、口ずさむことで気づくことができます。どうなおせばいいのかわかってきます。

俳句のような音律詩は、リズムこそが命ですから、口ずさむことで、よいできかどうかを判定できます。これでいいと思えるまで繰り返しましょう。遠まわりだと思えても、この方法をつづけることで、日本語に対する感性は間違いなく豊かになっていきます。

出てくる言葉がすべて俳句になる

金子兜太の視点

私は自分を「俳句の塊」だと思っています。幼い頃、父が埼玉県知事から依頼され、「秩父音頭」という民謡づくりに取り組んでいました。毎晩我が家に人が集い、五七調の民謡を歌う。それが子守唄。以来、私の言葉は自然と俳句になる。この五七調との出会いが一生を決めたようなものです。

理由より前にリズムを身につける

何度も何度もくりかえし口ずさむことで、五七五のリズムが身につき、句の間違いがわかってくる。もちろん間違いには理由がある。が、理由から入っては楽しめない。俳句を口ずさみ、指摘されるより前に自分で間違いに気づけるようになることが大切。

たとえば通勤時に、最近見た公園での風景を口ずさんでみる
ジャズ楽団 夏の終わりに 歌う口
理由
「ジャズ」に「楽団」、「歌」に「口」は蛇足。意味の重なりは十七音のなかでは無駄。
誰も口 美しい夏 ジャズ一団
理由
「美しい夏」では、夏が終わる感じが伝わらない。
誰も口 美し晩夏 ジャズ一団
理由
「誰も」だと人ひとりひとりばらばらな感じ。
どれも口 美し晩夏 ジャズ一団
理由
「誰も」を「どれも」にすることで、仲間意識が生まれる。
ブツブツ
ブツブツ

俳句はお金もかからず、いつでもどこでも言葉だけで遊ぶことができる。忙しいビジネスマンでも通勤や移動のすきま時間をつかって、俳句に挑戦してみて。

俳句の基本ルールを知る

ルール1

五七五の定型に収める

俳句は五音七音五音、計十七音に整える決まりがある。決まった形を「定型」という。俳句は五七調最短定型詩。最初の五音を「上五」、次の七音を「中七」、最後の五音を「下五」と呼ぶ。

ルール2

リズムを整えるのがいちばん大事

俳句でもっとも大切なのはリズム。定型のリズムに収めるために、できるだけ字余り、字足らずを避ける。言葉の言いかえをしたり、大根を「だいこん」以外に「だいこ」と読ませるなど独特の読みをすることもある。

ルール3

一句にひとつ季語がある

十七音という短い詩のなかで、情景を表現するために便利なのが「季語」である。四季のある国に暮らす日本人にとって、ある共通のイメージを与えることができる。一句につきひとつ季語を用いるのが通例（ただし絶対ではない。詳しくはP150）。季語は新年、春、夏、秋、冬に分けられ、さらにその性質によって時候・天文・地理・人事・動物・植物などに分かれている。これらは歳時記《さいじき》と呼ばれる季語辞典で調べることができる。

ルール4

縦書き、1行で書く

俳句を書くときには基本的に1行で縦書きにする。句読点は用いない。あいだもあけない。これは一気に読めるようにすることで、五七五のリズムを崩さないようにするため。ただし、意図的に改行を入れたり、意味の切れ目であいだをあけたりする句もある。

俳句の最大のルールは五七五音の定型に言葉を収めること。それ以外にもいくつか知っておきたい季語や書き方のルールがある。

冬の季語

大根引き 大根で道を 教へけり

1 だ 2 い 3 こ 4 ひ 5 き ／ 1 だ 2 い 3 こ 4 で 5 み 6 ち 7 を ／ 1 お 2 し 3 え 4 け 5 り

上五《かみご》
中七《なかしち》
下五《しもご》

小林一茶の句。「大根引き」が冬の季語。大根の収穫をしているときに、道をたずねられて、大根で方向を示した。土のにおいがする、素朴で愉快な句。農夫の暮らしが見える。

俳句で日本語センスアップ③

季語がなくても俳句になる。決まりにこだわる必要はない

俳句には季語がなければいけない、といわれます。しかし、これは絶対的なものではないのです。

もともと和歌では、題を設けて歌を詠むという遊びがおこなわれていました。

連歌の時代になると、最初の「五七五」である発句に季題をつけるようになります。これはあとにつづく「七七」をつけやすくするため。意味のわかりやすい言葉を、発句に入れておこうという配慮でした。連歌を楽しむために、発句には季題を入れるというルールが生まれました。

明治、大正時代になると、生活様式がかわり、季節を表現している新しい言葉が増えてきました。これも季題と同じように扱おうということで、季語が誕生したのです。

こうした経緯から考えても、俳句には季語がなければならない、などというのは間違いだということがわかります。季語をつかったほうが、俳句をつくりやすいし、いい作品になりやすい。しかし、季語で俳句をしばるのはよくありません。俳句はもっと自由なものなのです。

いつ誰がはじめても楽しいのが俳句

金子兜太の視点

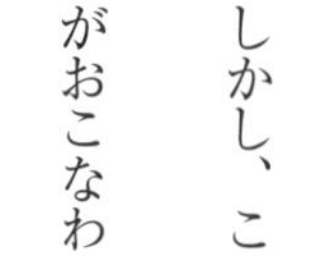

俳句は若い人のあいだでも、ずいぶん詠まれるようになりました。長年、お茶の伊藤園主催の俳句大賞の審査をしていますが、累計2100万句。8割は20歳以下の句。高齢になってはじめる人も大勢います。私の母は、父が亡くなってからつくるようになりました。いつ誰がはじめても楽しいのが俳句です。

無季の句をつくる

季語のない句を「無季の句」と呼ぶ。季語がなくても、その情景を、俳句を読んだ人が同じように思い浮かべることができるならかまわない。五七五のリズムをとり、イメージが伝わるなら、それは俳句なのだ。無季の句を紹介（すべて金子兜太作）。

彎曲《わんきょく》し火傷《かしょう》し爆心地のマラソン

誰もが同じ被爆地のイメージを抱くことができる。強烈な一語。現在では夏の季語として扱われるようになった。

作者が長崎に住んでいたときにつくった句。被爆から13年後の爆心部一帯は、黒焦げたまま。天主堂も崩れたまま。その場に立ち、生き残った人々の暮らしを思ったときに、マラソンの一団を思い浮かべる。爆心地に一団が入ってくるとたちまち体が焼け崩れるイメージを詠んだ。

長寿の母うんこのように我を産みぬ

誰もが知っている言葉だが、組み合わさることで、新しいイメージがふくらむ。

104歳まで生きた作者の母親を詠んだ句。6人の子を、まるでうんこをするように産んだ、と伝わるほど、丈夫な母親だったという。作者も現在は90歳を超えて、なお元気。うんこ、という言葉が、「長寿の母」が「我を産む」という上五、下五によって、ユーモアたっぷりのたくましく原始的な美しさのある言葉にかわる。作者の母親への愛と感謝にあふれた句。

俳句で日本語センスアップ④

自由律「咳をしても一人」にも隠された定型がある

俳句は五七調の最短定型詩で、五七調のリズムにこそ意味があると述べてきました。しかし、俳句のなかには、「自由律俳句」と呼ばれる「五七五」にこだわらない俳句もあります。名作として人々に愛されつづけている作品があるのも事実です。

たとえば、尾崎放哉《ほうさい》の「咳をしても一人」という句があります。「五七五」のリズムからははずれていますが、この俳句は人の心を打ちます。

この俳句は、「三三三」と三音が三回繰り返される「三音三句体」という構成になっています。「五七五」の俳句と共通するのは、三句体という部分。それから、「三三三」と奇数音が並ぶところも共通しています。日本人は奇数が好きで、そのためにこの俳句は人の心をとらえるのです。

自由律俳句は五七調のリズムを考慮せずにつくられるわけですが、それでも、人の心に響く作品には、ここで指摘したような定型性が見られます。逆に言えば、尾崎放哉がこの作品をつくるとき、思いを込めようとすることで、知らず知らずのうちに、奇数拍の言葉が出てきたのだとも考えられます。

偶数は欧米、奇数はアジア独特のリズム

金子兜太の視点

俳句はHAIKUという3行短詩型の形をとって、世界中でつくられている。HAIKU人口は200万人をくだらない。アメリカの小学校ではカリキュラムにHAIKUがあります。子どもたちは3行という奇数で詩が完結するところに、新鮮な興味を覚える。偶数は欧米、奇数は東洋のリズムなのでしょう。

自由律俳句をつくる

自由律俳句とは、リズムはあるが五七五にとらわれず、自由な律動でつくられる俳句のことを指す。しかし、自由律俳句のなかでも多くの人の心に残る優れた句は、三、五、七といった奇数のリズム、また上、中、下の三体から成立しているものが多い。

咳をしても一人

せきを　1 2 3
しても　1 2 3
ひとり　1 2 3

三音体、三句体の奇数のリズムが感銘を呼ぶ。

尾崎放哉の句。自由律俳句のなかでももっとも有名なこの句は、九音が深い孤独を感じさせる。東京帝大の法学部を出ながら、仕事勤めがつづかず、酒をきっかけに病に臥せるように。妻からも離縁。最後は咽頭結核で亡くなる。「一人の道が暮れて来た」「墓のうらに廻る」など三句体のものが多い。

鉄鉢の中にも霰

てっぱつの　1 2 3 4
なかにも　1 2 3 4
あられ　1 2 3

三句体からつくられている。

尾崎放哉と並ぶ、自由律俳句の代表者、種田山頭火《さんとうか》の句。早稲田大学時代から文才を認められるが、酒におぼれ、中退。父の破産などをきっかけに、出家し、放浪状態に入る。この句については、カチーンと霰が一粒鉄鉢にぶつかったとき、悟った心持ちになったが、すぐ元にもどってしまった、と回顧している。最後は松山に庵を結び「おちついて死ねさうな草萌ゆる」という句を残して、亡くなる。

俳句で日本語
センスアップ⑤

傑作をつくろうとしない。ごはんを食べるように句をつくる

これだ！　と思う句を句帖に記す

二〇一×年一月×日

仕事始め、新年、挨拶まわり、ふるまい酒

・取り引き先でふるまい酒をいただく

・日付を入れる

日付を入れることで日記がわりにもなる。振り返るときに便利。

●まずは「舌頭に千転せよ」

推敲の基本は「口ずさむ」こと。松尾芭蕉も「舌頭に千転せよ」と言っている。最初から書き留めようと思わなくてもよい。口ずさみ、納得できるものが生まれたら、自分でも書き留めずにはいられない状態になる。そのとき句帖が役に立つ。

肩の力を抜くと俳句がどんどん生まれる

俳句をつくろうとするとき、多くの人は傑作をつくろうとします。なんとか人に感心してもらえるような作品をつくろうとします。これがいけません。傑作主義は、俳句をつくるときにじゃまにはなっても、役に立つことはまずありません。傑作主義を捨て去り、気持ちを楽にして、どんどんつくることが大切です。

傑作をつくろうとすると、これではだめだ、これでは笑われてし

つくった句を何度も口ずさみ、いいなと思う句ができると、どこかに書き記したいと思うようになる。1冊句帖を用意しておこう。

・行をあけて書く
行をあけて書くと、推敲のときに書き込みやすい。

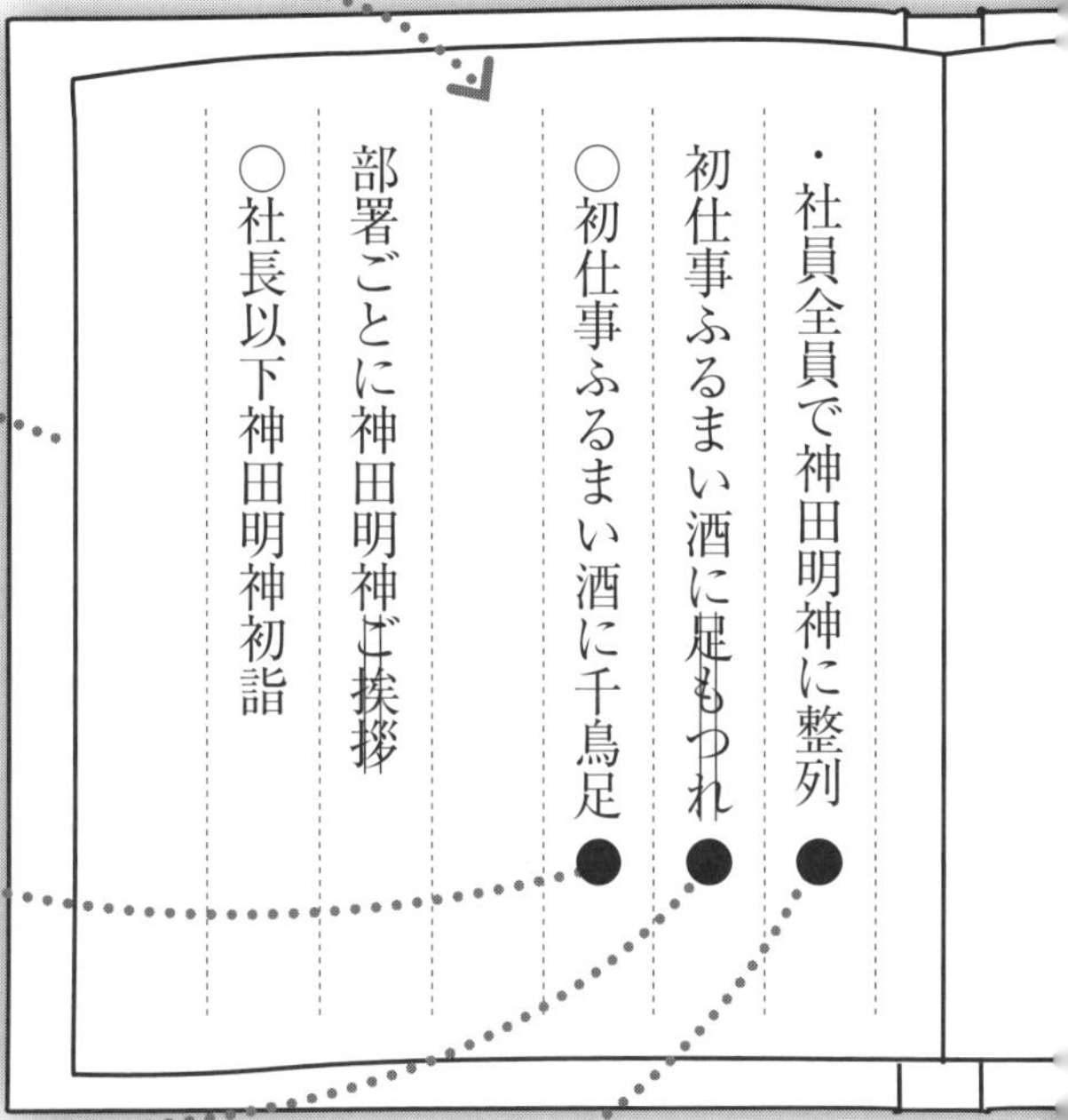

・社員全員で神田明神に整列
初仕事ふるまい酒に足もつれ
○初仕事ふるまい酒に千鳥足
部署ごとに神田明神ご挨拶
○社長以下神田明神初詣

・1行で書けるサイズ
縦書き1行で書くことのできるサイズのノートを選ぶ。

・選んだ句に○印
最終的にできあがった句には○印をつけておく。

・推敲のあとを残す
推敲のあとは消さずに残しておくと、勉強になる。

・できごとを残す
印象に残ったことをメモしておく。

・キーワードを記す
気になる言葉、つかいたい季語などを記しておく。


まう、という考えが出てきて、創作意欲が失われてしまいます。傑作などと考えず、日常の生活を詠めばいい、今日のできごとを詠めばいいと割り切ることです。

肩の力が抜けると、俳句がどんどん生まれてくるようになります。

毎日つくることで日本語力が磨かれる

毎日つくることも大切です。毎日ごはんを食べるように、構えることなく俳句をつくります。来る日も来る日も、「五七五」のリズムに、自分の生活を言葉にして定着させていくのです。

それをつづけることによって、その人のつかう言葉は磨かれていきます。特別美しい題材を俳句にするわけではないのに、言葉は美しい日本語になっていきます。

日本語センスを磨くと①

俳句によって、贅沢な人生を送ることができる

日々の生活を題材に俳句をつくりつづけていると、いくつもの俳句が、自分の人生の航跡のように、残されていきます。優れたスナップ写真は、人生のさまざまなひとコマを画面に定着させていますが、残された数々の俳句にも、自分のたどってきた人生が、鮮やかに描き出されているはずです。

人がアルバムを眺めて過去を振り返るように、俳句をつくる人たちは、人生のときどきにつくってきた俳句作品によって、人生の思い出をたどることができます。

五七調の俳句に閉じ込められた言葉は、言葉が持つ力によって、その人の人生に厚みを加えてくれます。俳句をつくらなければ、薄っぺらだったかもしれない人生が、厚みを増してくるのです。

私たちが送る毎日は、多くの場合平凡で、特別なことなどありません。それでも、そんな日々の俳句が、何年かすると輝きを持ちはじめることがあります。だからこそ俳句をつくることに意味があるのだといえます。傑作ではない作品を毎日つくりつづけることに意味があるのです。

石鹸とともにもどる戦時中の記憶

金子兜太の視点

戦時中、南太平洋のトラック島に赴任しました。俳句をつくる状況ではないほど悲惨なのに私の思うことはすべて俳句になってしまう。引き上げのとき、日記も何もかも焼きました。ただ俳句だけは薄紙に記し、米軍から支給された石鹸に穴をあけて詰め込んで持ち帰りました。のちに第一句集になりました。

人生を豊かにする俳句の6つの効用

俳句をつくったり、俳句を読んだりすることで、言葉に対するセンスが身につく。こうしたセンスは仕事の場面だけでなく、人生そのものを豊かにしてくれる。

1 五感が鋭敏になる

五七五の短い言葉のなかで、詩の世界観をふくらませるためには、五感を鋭敏にしなければならない。また五感に訴える表現を探そうと努力するようになる。

2 人に伝えるのがうまくなる

見たもの、起こったできごとから、シーンを切り取って俳句をつくっていると、すばやくポイントを絞って、言葉にできるようになる。言いたいことを人にわかりやすく伝えられるようになる。

3 季節の語彙が増える

俳句につかわれる季語には、季節をあらわす言葉がたくさんある。歳時記をめくり、句をつくり、味わうと語彙が増え、同時に自然に対する関心も高まる。

4 アイデアがわく

日々、見たこと、感じたことを言葉にする練習をしていると、言葉がひらめくようになる。いろいろな物事を関連づけて考えられるようになり、仕事でもアイデアが浮かびやすくなる。

5 イマジネーションがふくらむ

短い言葉に情景、意味を込められるようになると、言葉の持つ言外の意味も探れるようになる。ひとつの言葉からイメージを広げることができる。

6 記憶がよみがえる

日々、日常を詠み込んだ俳句をつくって記録することで、過去のできごとを思い出しやすくなる。定期的に句帖を広げると、過去の自分を客観的にとらえられるようになる。

日本語センスを磨くと②

ビジネスパーソンの悩みや不調が、俳句をつくると消えていく

俳句は庶民が自分たちの生活を詠むようになったことで、発展をとげました。人々の毎日の暮らしに、たいへんなことが多いのは、それはいつの時代でもかわりません。そうした生活を、五七調のリズムにのせ、「五七五」の十七音に収めることで、見えなかったことが見えてきます。暮らしのなかのささやかな喜びがクローズアップされることもあれば、悲しみが「五七五」に込められることもあるでしょう。

現代のビジネスパーソンにも、俳句をつくることがすすめられます。生活を言語化し、五七調のリズムにのせることで、心の健康が得られるからです。悩みや体の不調も消えていくに違いありません。

大切なのは俳句をつくることが日常となること。長年にわたってそれをつづけていくことで、その人の日本語はあきらかにかわっていきます。

日本語には五七調のリズムという古き伝統があります。私たちがつかうのは現代の日本語ですが、そこに伝統を生かすのです。

俳句で培われた五七調の素養は、現代人の日本語を美しいものにしてくれます。

健全なリズムに惹かれた正岡子規

金子兜太の視点

明治の文豪・正岡子規は、短歌、漢詩、小説などさまざまな文学に精通した文人でした。彼のなかで最後まで残った芸術が俳句。「写生」によって絵画性の高い句を重んじ、俳句の世界に改革を起こしました。

なぜ俳句か？　結核におかされた子規は俳句の健全さに強い魅力を感じたのでしょう。

俳句によって健全な心身を手に入れる

認識したことを言葉に置きかえ、もっとも日本人に合った五七調というリズムにもとづいた定型に収める。俳句づくりには、心と体の両方を健全に整える作用がある。ストレスが多いビジネスパーソンも俳句をつくることで、健康体を手に入れることができる。

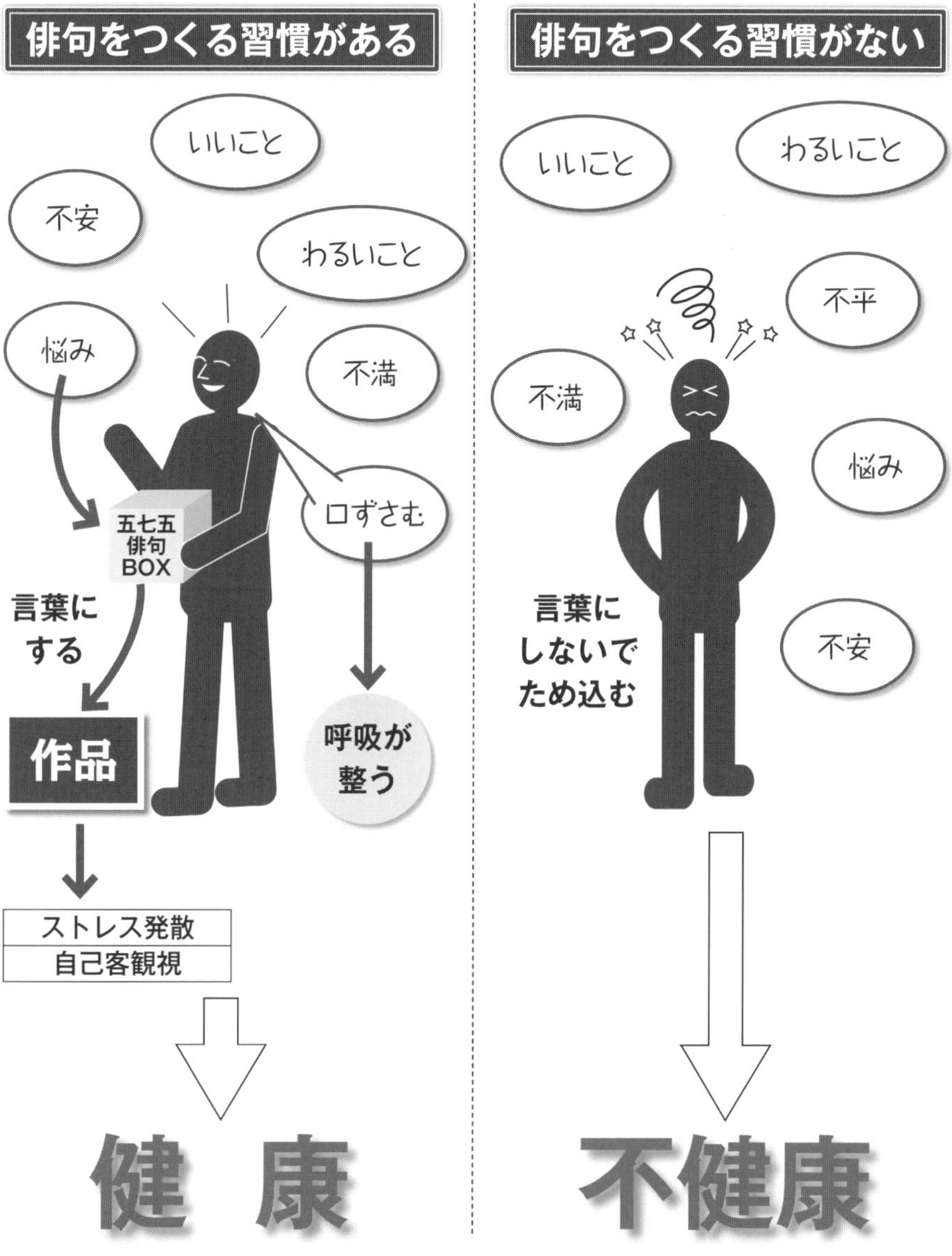

俳句をつくる習慣がある
いいこと
不安
わるいこと
悩み
不満
五七五
俳句
BOX
口ずさむ
言葉にする
作品
呼吸が整う
ストレス発散
自己客観視
健康
俳句をつくる習慣がない
いいこと
わるいこと
不平
不満
悩み
不安
言葉にしないでため込む
不健康

〈プロフィール〉

齋藤 孝（さいとう　たかし）

1960年静岡生まれ。明治大学文学部教授。東京大学法学部卒業。東京大学大学院教育学研究科博士課程等を経て現職。専門は教育学、身体論、コミュニケーション論。『声に出して読みたい日本語』『座右のゲーテ』など著書多数。Eテレ「にほんごであそぼ」総合指導。テレビ番組への出演も多い。

金田一秀穂（きんだいち　ひでほ）

1953年東京都生まれ。日本語学者。杏林大学外国語学部教授。上智大学文学部心理学科卒業。1983年東京外国語大学大学院修了。日本語学を専攻し、中国大連外語学院、米イェール大学、コロンビア大学などで日本語講師を務める。1994年、ハーバード大学客員研究員を経て、現職。インドネシア、ベトナムなどアジア各国でも日本語の指導にあたる。

平田オリザ（ひらた　おりざ）

1962年東京都生まれ。劇作家・演出家・劇団青年団主宰。大阪大学コミュニケーションデザインセンター教授。国際基督教大学教養学部卒業。1995年『東京ノート』で岸田國士戯曲賞受賞。2002年『その河をこえて、五月』で朝日舞台芸術賞グランプリ受賞。2009年より内閣官房参与。 文部科学省コミュニケーション教育推進会議委員（座長）なども務め、演劇以外に教育、言語の分野でも活躍。

坂東眞理子（ばんどう　まりこ）

1946年富山県生まれ。昭和女子大学学長。同大学女性文化研究所所長。東京大学卒業後、1969年に総理府入省。内閣広報室参事官、男女共同参画室長、埼玉県副知事を経て、1998年オーストラリア・ブリスベン総領事となる。2001年内閣府初代男女共同参画局長となる。退官後、2004年昭和女子大学教授に。昭和女子大学副学長を経て、2007年より現職。

金子兜太（かねこ　とうた）

1919年埼玉県生まれ。俳人。現代俳句協会名誉会長。旧制水戸高校在学中に加藤楸邨に師事。東京帝国大学経済学部卒業後、日本銀行入行。従軍などを経て、終戦後復職。1974年に定年退職。1962年同人誌「海程」創刊、主宰。1983年現代俳句協会会長、1987年朝日新聞「朝日俳壇」選者。1988年紫綬褒章を受章、2005年日本芸術院会員に。2008年文化功労者。2010年毎日芸術賞特別賞、菊池寛賞を受賞。

賢人の日本語力

2012年10月25日　第1刷発行

監　修　齋藤孝　金田一秀穂　平田オリザ　坂東眞理子　金子兜太
発行人　見城徹
編集人　福島広司

発行所　株式会社 幻冬舎
〒151-0051　東京都渋谷区千駄ヶ谷4-9-7
電話　03（5411）6211（編集）
03（5411）6222（営業）
振替00120-8-767643
印刷・製本所　株式会社 光邦

検印廃止

ISBN978-4-344-90260-2　C2095
Printed in Japan
幻冬舎ホームページアドレス　http://www.gentosha.co.jp/
この本に関するご意見・ご感想をメールでお寄せいただく場合は、comment@gentosha.jpまで。